특허법상 진보성 개념의

거대한 전환

윤권순

法 文 社

머 리 말

개념은 특정 시간과 공간에서 태어나고, 담고 있는 가치가 소멸되면서 사라져간다. 개념을 담고 있는 용어도 이러한 운명을 가진다. 한국 특허법상 진보성이라는 용어의 뿌리는 19세기 말 독일 특허제도에서 찾을 수 있다. 20세기 들어와 독일은 '기술적 진보성'을 벗어나, '발명' 중심의 새로운 개념과 용어를 채택하게 된다.

왜 독일이 이러한 거대한 전환을 하였는지에 대한 궁금증에서 이 책을 저술하게 되었다. 또한 이 사건이 우리에게 주는 의미가 무엇인가를 성찰하고 싶은 마음도 있었다.

집필 과정에서 특허제도의 정치학이라고 부를 만한 인간의 활동을 포착하였다. 독일의 기업가 지멘스와 나치 정권의 히틀러가 두 패러다임의 대척점에 자리 잡고 있다는 것도 알게 되었다.

이 책이 특허법을 포함한 특허제도에 관심을 가진 이들에게 인문학적 호기심을 불러일으키길 바란다. 또한 '진보성'이라는 용어와 개념이 21세기 한국이라는 공간에서 여전히 의미가 있는지 의구심을 갖는 사람들이 생긴다면 필자는 즐거울 것 같다.

2022. 3. 20.

금암산 자락에서

윤 권 순

차 례

제 1 장

무엇이 문제인가?

1. 왜 진보성인가
2. 왜 독일에 주목하는가

제 1 장

무엇이 문제인가?

1. 왜 진보성인가

어떤 발명에게 특허권을 부여할 것인가라는 질문은 특허제도의 가장 중요한 화두이다. 독점이 불온시 되는 시장경제하에서 특허권이라는 독점권을 부여하는 것을 정당화하기 위해서는 발명이 일정한 가치를 지니고 있어야 한다. '신규성'과 '진보성'이라는 용어로 표현되는 개념이 특허 받을 자격이 있는 발명이 가진 가치를 나타내고 있다.

발명이 새로워야 한다는 '신규성' 개념은 직관적으로 이해되며, 객관적인 기준이라고 할 수 있다. 그러나 '진보성'이라는 개념은 특허법상 가장 불확실한 개념으로 알려져 있고,[1] 특허등록 과정이나 특허소송 과정에서도 이러한 현상은 잘 드러난다.[2]

예컨대, 한국의 경우 심사 단계에서 심사관이 거절이유로 가장 많

1) Samson Vermont, A New Way to Determine Obviousness: Applying the Pioneer Doctrine to. 35 U.S.C. 103(a), AIPLA Quarterly Journal, vol.29 no.3, 2001, p.378.
2) 윤권순 (1), 특허법 구조 분석을 통한 '지식 경계' 명확화에 대한 연구, 창작과 권리, 제63호, 2011, p.23.

이 제시하는 것이 진보성 결여이며 64%(2005년 기준)에 달한다는 보고가 있다.[3] 또한 특허무효심판에서 진보성에 대한 무효의 비율(2008~2010년 기준)은 약 70%,[4] 특허법원에서의 무효심결취소 소송 단계(2002~2006년 기준)에서는 80% 이상이 진보성 결여에 의한 것으로 나타났다.[5] 독일 특허소송에서도 가장 중요한 쟁점이 되는 것은 진보성의 문제이다.[6] 1986년부터 2005년 독일 특허법원의 사건 추이를 보면 독일 특허에 대한 무효소송은 총 657건의 판결 가운데 59%인 387건에 관하여 전부 또는 일부 무효의 판결이 났고, 유럽특허에 대한 무효소송은 총 582건의 판결 가운데 71%인 415건에 관하여 전부 또는 일부 무효의 판결이 났다. 독일 법원에서의 무효사유의 다수는 진보성 흠결인 것으로 나타났다.[7] 1983년부터 1992년 사이에 독일 특허법원에서 일부 또는 전부 무효 판정을 받은 유럽특허 가운데 무효 사유의 66%는 진보성 흠결이었다. 미국의 경우 연방대법원 판례(KSR)[8] 전후로 법원에서의 진보성에 대한 판정 내용에 많은 차이를 보이고 있다. 예를 들어 과거에 연방항소법원(CAFC)이 발명의 진보성을 부인한 비율이 전체 사건의 40% 정도였던 반면, KSR 판결이 있은 이후 57.4%로 증가하였다.[9] 진보성 판결의 불확실성은 일본의 경우도 2005년 하반기부터 2006년 상반기의 지재고재 진보성 판결 약 150건 중 26건의 심결이 취소(17%) 되었다는 사실에서 드러난다.[10]

---

3) 정차호, 특허법의 진보성, 박영사, 2014, p.606.
4) Ibid., p.609.
5) Ibid., p.612.
6) 조영선, 특허소송에 있어서 발명의 진보성 판단의 국제기준에 관한 비교분석, 고려대학교, 2010, p.30.
7) Ibid., p.31.
8) KSR Intern. Co. v. Teleflex Inc. 550 U.S. 398 (2007).
9) Ali Mojibi, An empirical study of the effect of KSR v. Teleflex on the Federal circuit's patent validity jurisprudence, Alb. L. J. Sci.& Tech., vol.20, 2010, p.582.

이와 같이 진보성 요건은 특허유효성의 문지기로서 중요한 역할을 하게 되었고, '특허 받을 가능성의 궁극적인 조건'이라고까지 불리게 된다.[11] 진보성은 특허법의 개념 가운데 오랜 기간 동안 활발한 논쟁을 불러일으킨 개념이다.[12]

'진보성' 개념이 가지는 중요성과 불확실성으로 인해 특정 시간과 공간에서 객관적이고 타당한 진보성 개념을 형성하기 위한 시도가 이루어져 왔다. 따라서 진보성에 대한 아직 끝나지 않은 인류의 지적 투쟁의 역사를 들여다보는 것은 학문적으로나 실용적 차원에서 커다란 의미를 가진다고 하겠다.

2. 왜 독일에 주목하는가

진보성 개념의 역사를 다루는데 있어서 독일의 사례는 두 가지 측면에서 주목할 만한 가치가 있다.

첫째, 독일은 두 가지 대립되는 대표적인 진보성 개념 가운데 '기술진보'라는 고유의 개념을 탄생시켰으며, 역사적 과정 속에서 이를 버리고 '비자명성'이라는 미국의 진보성 개념을 받아들이는 거대한 전환을 겪은 국가라는 점이다. 독일은 1877년에 특허법을 제정하였는데, 이는 베니스 공화국이 1474년, 영국이 1624년, 미국이 1790년에 동 법을 제정한 것보다 매우 늦은 시기라고 하겠다. 진보성 개념도 미국 등 다른 나라와 비교해서 뒤늦게 도입하게 된다. 그러나 이러한 지체가 오히려

---

10) 일본변리사회(한국지식재산연구원역), 진보성의 역사, 현황과 전망, 한국지식재산연구원, 2007, p.101.

11) John F. Witherspoon(ed.), Nonobviousness-the ultimate condition of patentability: papers compiled in commemoration of the silver anniversary of 35 USC 103, Bureau of National Affairs, 1980.

12) Jonathan J. Darrow, The Neglected Dimension of Patent Law's Phosita Standard, Harvard Journal of Law & Technology, vol.23 no.1, 2009, p.231.

미국의 비자명성 개념 등 다양한 외국의 기준을 참고하여 자국의 산업 발전에 도움이 되는 고유의 개념을 만들어 갈 수 있는 가능성을 열어 주게 된다. 이로 인해 비교적 짧은 기간 동안 다양한 진보성 관련 개념과 용어를 발굴하고 실험한 역사를 가지며, 특히 진보성 개념의 거대한 전환을 이루게 된다. 이와 관련하여 왜 독일이 일찍이 비자명성 개념을 형성한 미국의 영향에서 벗어나서, 고유의 '기술진보'라는 용어와 개념을 만들게 되었으며, 이 용어와 개념을 포기하고 발명 중심의 새로운 용어와 개념을 만들게 되었는지가 궁금해지지 않을 수 없다.

둘째, 현재 한국, 일본, 대만은 진보성(進步性)이라는 용어를 사용하고 있으며, 이 용어는 한때 독일에서 사용하던 기술진보(technischer Fortschritt)라는 용어에 그 근거를 두고 있다는 점이다. 독일에서 진보성 개념의 거대한 전환이 타당한지 여부는 우리의 진보성 용어의 타당성과 직결된다는 점에서 매우 흥미롭다고 하겠다.

제 2 장

특허법상 진보성 개념 관련 용어

특허법상 진보성 개념 관련 용어

개념과 용어의 운명은 다를 수 있다. 용어 없이 개념이 먼저 태어날 수도 있고, 특정 개념을 담은 용어는 시대에 따라 다양하게 바뀌거나, 공간적 환경(국가 등)과 언어적 환경에 따라 다양한 모습으로 나타날 수 있기 때문이다. 또한 개념과 용어가 가까운 의미를 담을 수도 있고, 그렇지 않을 수도 있다는 점에서 주의가 필요하다.

이 책에서 진보성이라는 용어는 첫째, 한국 특허법상 제29조 제2항에 담겨져 있는 개념, 즉 전 세계적으로 통합된 특허요건을 지칭할 수도 있고, 둘째, 이 개념을 담고 있는 한국어로서의 고유한 용어를 지칭할 수 있다는 점에서 이중적 기능을 수행하고 있다. 이러한 혼동되는 상황을 피하기 위해 특허법의 등록요건을 지칭하는 보편적 상위 개념을 나타내는 용어로서 'inventiveness'라는 단어를 사용하여 하위 개념 용어(non-obviousness, inventive step 등)와 구분하기도 한다.[1)]

---

1) L.W.P. Pessers, The evolution of the inventiveness requirement, University of Amsterdam, 2015, p.17. "특허성(patentability), 일반적으로 발명성(inventiveness)이라는 용어는 발명이 특허 보호를 받을 수 있는 충분한 발명 가치를 보유하고 있다는 특성을 설명하는 데 사용된다."

특허법상 진보성 관련 용어와 개념은 시간과 공간에 따라 변화해 왔으며, 오늘날에는 대체로 비자명성(nonobviousness)과 관련된 개념으로 수렴되어, 대다수 국가의 특허법 조문에 반영되어 있다.[2] 미국에서 판례로 형성된 비자명성이라는 용어와 개념은 1952년 미국 특허법에 조문화 되었고, 2011년 약간의 문구 수정 후 오늘에까지 이르고 있다.[3] 동 개념은 통상의 기술자에게 자명하지 않은 것을 의미하는 것으로 정의되고 있다.[4]

동 개념은 국가에 따라 다양한 용어로 표현되고 있다.[5] 대표적인

---

2) John F. Duffy, Inventing Invention: A Case Study of Legal Innovation, Texas Law Review, vol.86 no.1, 2007, p.18. "비자명성 기준(또는 밀접하게 관련된 일부 언어 적 동등성)이 결국 세계적인 기준이 되었지만, 역사는 비자명성 기준에 대한 꾸준한 진전을 보여주지 않는다."

3) 1952년 미국 특허법 sec.103. Conditions for patentability; non-obvious subject matter [A patent may not be obtained though the invention is not identically disclosed or described as set forth in section 102 of this title, if the differences between the subject matter sought to be patented and the prior art are such that subject matter as a whole would have been obvious at the time the invention was made to a person having ordinary skill in the art to which said subject matter pertains. Patentability shall not be negatived by the manner in which the invention was made.] 2011년 미국 특허법(2021년 1월 현재 같음). [A patent for a claimed invention may not be obtained, notwithstanding that the claimed invention is not identically disclosed as set forth in section 102, if the differences between the claimed invention and the prior art are such that the claimed invention as a whole would have been obvious before the effective filing date of the claimed invention to a person having ordinary skill in the art to which the claimed invention pertains. Patentability shall not be negated by the manner in which the invention was made.]

4) Duffy, op. cit., p.1. In many countries that use the "inventive step" test for patentability, the term "inventive step" is specifically defined to refer to something that is "not obvious to a person of ordinary skill in the art."

5) Samson Vermont, op. cit., p.422. Other countries use the following terms in place of "obviousness": "inventive activity" (France), "inventive height" (Germany, Italy, Scandinavia), "progressiveness of the invention" (Japan), and "inventive step" (Australia, Great Britain, Germany, Scandinavia, South

국제지식재산권 조약이라고 할 수 있는 1994년 체결된 WTO/TRIPS의 공식 용어는 영어, 프랑스어, 스페인어이다. 동 조약은 동 개념을 나타내는 영어 용어로 'inventive step'이라는 용어를 사용하고 있으며 주에서는 이를 'nonobvious'라는 용어와 동일한 의미를 가진다고 설명하고 있다.[6] 프랑스어로는 'inventive step'이라는 용어가 'activité inventive'로 표기되어 있으며 스페인어로는 'actividad inventiva'라고 표기되어 있다. WTO의 공식 용어는 아니지만 독일어 번역본에서는 'erfinderischen Tätigkeit'가 대응된다. 이들 용어는 WTO/TRIPS뿐만 아니라 PCT(특허협력조약), EPC(유럽특허조약) 등 대표적인 지식재산권 관련 국제조약에서 널리 사용되고 있다. 이를 종합해 보면 세계적인 국제조약에서 특허적격성의 요건 가운데 하나로 신규성 외에도 '비자명성'을 핵심으로 하는 요건을 요구하고 있고 그 개념을 나타내는 명칭으로 미국은 'non-obviousness', 영국은 'inventive step', 독일, 프랑스, 스페인 등은 '발명활동(inventive activity)'이라는 의미를 담은 용어를 사용하고 있다.[7]

Africa).

6) Agreement on Trade-Related Aspects of Intellectual Property Rights Article 27(Patentable Subject Matter). The TRIPS Agreement is Annex 1C of the Marrakesh Agreement Establishing the World Trade Organization, signed in Marrakesh, Morocco on 15 April 1994. Article 27 Patentable Subject Matter 1. Subject to the provisions of paragraphs 2 and 3, patents shall be available for any inventions, whether products or processes, in all fields of technology, provided that they are new, involve an inventive step and are capable of industrial application. 5 Notes: 5. For the purposes of this Article, the terms "inventive step" and "capable of industrial application" may be deemed by a Member to be synonymous with the terms "non-obvious" and "useful" respectively. [http://www.tripsagreement.net/]

7) 1844년 프랑스 특허법은 과거 프랑스 식민지였던 국가와 그 외의 국가(Belgium, Costa Rica, Cuba, Dominican Republic, Greece, Haiti, Italy, Luxembourg, Morocco, Paraguay, Poland, Rumania, Spain, Syria, Lebanon and Turkey)의 입법에 영향을 준 것으로 알려져 있다.: H. Geoffrey Lynfield, The New

일본, 한국, 대만의 경우 '진보성(進步性)'이라는 용어를 사용하고 있으며, 중국은 '創造性'이라는 용어를 사용하고 있다. 일본이나 한국의 특허법은 쉽게 만들어질 수 있는 발명에는 특허를 주지 않도록 규정하고 있다. 따라서 비용이성을 개념의 중심에 두고 있기 때문에, 자명성을 중심에 두고 있는 세계적인 기준과 용어에서 차이를 나타내고 있다는 점이 특이하다고 하겠다.[8)]

한편, 이들 용어 가운데 법조문에 등장하는 용어와 그렇지 않은 용어가 있다. 미국의 'non-obvious'라는 용어와 EPO의 'inventive step'과 'non-obvious'라는 용어, 독일의 'erfinderischen Tätigkeit', 중국의 "創造性'라는 용어는 법조문에 나타나고 있으나, 한국과 일본의 경우 '진보성'이라는 용어는 법조문이나 법조문의 제목에 등장하지 않으며, 법원의 판례나 특허청의 심사지침 그리고 법학서적에는 등장하고 있다.

특허법상 진보성 개념은 크게 기술 중심의 양적 기준과 발명(발명가) 활동 중심의 질적 기준(인적 기준)으로 크게 구분할 수 있으며, 이를 담고 있는 용어를 정리하면 <표 1>과 같다. 이 책에서는 각 개별 용어를 표시할 경우 직역하고자 하며, 특허법상 제3의 특허요건(한국 특허법 제29조 제2항, 미국 특허법 제103조 등)을 포괄적으로 나타내는 개념으로는 진보성이라는 용어를 사용하고자 한다. 또한 발명 활동 중심

French Patent Law, Patent, Trademark and Copyright Journal of Research and Education(Pat. Trademark & Copy. J. Res. & Ed.), 13(2), p.202. 주7. S. P. Ladas, The International Protection of Industrial Property, pp.231-232. (Cambridge: Harvard University Press 1930). 프랑스 특허법의 진보성 관련 용어('activité inventive')도 이들 국가에 영향을 준 것으로 판단된다.

8) Duffy, op. cit., p.2. The parallel provisions in the Japanese and Korean Patent Acts use language that is typically translated as barring inventions that "could easily have been made." See Patent Act of 1959, art. 29(2), translation reprinted in Examination Guidelines for Patent and Utility Model chap. 2, at 16 (JPO 2000).

의 용어를 포괄하는 경우 '발명문턱'이라는 용어를 사용하고자 한다.

〈표 1〉 특허법상 진보성 관련 개념 및 용어

구분	기술 중심	발명(발명가) 활동 중심
	양적기준	질적(인적)기준
통칭	진보성	
통칭	기술진보	발명문턱
미국	new result(새로운 기술)	non-obviousness(비자명성)
영국		inventive step(발명단계)
독일	technischer Effekt(기술효과) technischer Fortschritt(기술진보)	Erfindungshöhe(발명높이) erfinderischen Tätigkeit(발명활동)
프랑스		activité inventive
일본		進步性(진보성)
대만		進步性(진보성)
한국	(현저한 효과)	진보성
중국	創造性(창조성)	
	显著的进步(현저한 진보)	突出的实质性特点(돌출한 실질적 특징)

제 3 장

독일 특허법상 진보성 관련 용어의 진화

1. 진보성 관련 용어들의 등장
2. 진보성 관련 용어들의 전개

제 3 장

독일 특허법상 진보성 관련 용어의 진화

1. 진보성 관련 용어들의 등장

19세기 말까지 미국에서는 이미 진보성과 관련하여 다양한 기준 즉, '새로운 기술', '일정한 재능', '비자명성' 등과 같은 개념이 등장하였고, 미국과 교류가 활발했던 독일에서도 이러한 용어와 개념을 인지하고 있었다.

1891년 특허법이 개정되고, 실용신안법이 제정되자, 두 법의 보호요건을 설명하는 많은 용어들이 여러 문서에 등장하게 된다.[1)] 이때 등장한 용어 가운데 오늘날의 진보성 개념과 관련되는 용어를 소개하면 다음과 같다.: technischer Effekt(기술효과); technischer Fortschritt(기술진보); gewerblicher Fortschritt(산업진보); sozialer Fortschritt(사회진보);

1) Rebekka Übler, Die Schutzwürdigkeit von Erfindungen: Fortschritt und Erfindungshöhe in der Geschichte des Patent- und Gebrauchsmusterrechts, Mohr Siebeck, 2014, p.84. 주22. Siehe z.B. die Merkmale bei Schanze, in: GRUR 1899, S. 5 ff; Hausding, in: Glasers Annalen 45 (1899), S. 210 ff.; S. 232 ff; Bd. 46(1900), s. 7 ff; 35 ff; 48 ff; -Dazu auch Pletzcker, in: FS GRUR, Bd. 1, S. 424.

Erfindungshöhe(발명높이); Erfindungsqualität(발명품질); erfinderische Tätigkeit(발명활동); Originalität(독창성); schöpferische(창의성): geistige Individualität(정신적 개성); Überraschung(놀라움).

당시 발명의 가치를 판단하는 기준이 다양하게 제안되었음을 알 수 있다. 이 용어들은 기술을 중심으로 하는 개념을 담은 용어(technischer Effekt, technischer Fortschritt), 발명의 속성을 중심으로 하는 개념(Erfindungshöhe, Erfindungsqualität, Erfindungsqualität, erfinderische Tätigkeit, Überraschung), 독창성을 중심으로 하는 개념(Originalität, schöpferische, geistige Individualität)으로 구분할 수 있다.

이와 같이 1900년을 전후해서 신규성과 별개인 특허요건에 대한 다양한 용어 · 개념이 등장하였으나, 이들 기준들의 상대적 중요성과 관계는 불분명했다.[2] 이는 발명에 대한 명확한 기준이 당시 특허법에 없어서 비롯된 것이다. 당시 법학계에서는 일상적인 사소한 혁신에 대해 독점권을 부여하면 자연적 진보에 방해가 될 것이라고 보고 단순한 변형은 보호할 만한 혁신이 아니라고 인식하게 되었다.[3] 그러나 이에 대한 명확한 기준 설정에 합의하지 못했고, 이러한 질문에 대한 대답에는 가치 판단이 포함된다는 것에 동의하게 되었다.[4]

한편 독일어 'Erfindungshöhe'을 한국어로 직역하면 '발명높이' 정도로 번역할 수 있다. 독일어 '기술진보(technischer Fortschritt)' 개념이 '점

2) Ibid., 주22. Siehe z.B. die Merkmale bei Schanze, in: GRUR 1899, S. 5 ff; Hausding, in: Glasers Annalen 45 (1899), S. 210 ff.; S. 232 ff; Bd. 46(1900), s. 7 ff; 35 ff; 48 ff; -Dazu auch Pletzcker, in: FS GRUR, Bd. 1, S. 424.

3) Ibid., 주23. Dunkhase, Prüfung der Erfindung, S. 35; Kent, PatG, §1 PatG Rn. 70; Kloeppel, Patentrecht u. Gebrauchsmusterrecht, S. 26; Lieber, PatG, §1 PatG Rn. 1; Weber, Erfinderrecht, S. 23; Witt, Die chemische Industrie, S. 23.

4) Ibid., 주25. Hausding, in: Glasers Annalen 45 (1899), S. 211; Isay, PatG, 1. Aufl., §1 PatG Rn. 2; Osterrieth, Gewerblicher Rechtsschutz, S. 60; Schanze, in: Glasers Annalen 60 (1907), S. 137; Wirth, in: GRUR 1906, S. 57.

진적 기술진보'와 가까운 반면에, 동 개념은 발명을 중심으로 한 개념으로 '비약적 기술진보'와 가깝다고 판단된다.

2. 진보성 관련 용어들의 전개

독일은 특허법상 진보성 개념과 관련하여 첫째, 미국의 영향에서 벗어나서, 고유의 '기술진보'라는 용어와 개념을 만들었으며, 둘째, 이 용어와 개념을 포기하고 발명 중심의 새로운 용어와 개념을 만든 역사를 가지고 있다.

독일 특허법상 진보성 관련 대표적인 용어의 사용 시기는 크게 네 가지로 구분할 수 있다.

첫째, 특허법 제정(1877년) 후 이른 시기에 기술효과('technischen Effekts')라는 용어가 나타나서 적용되기 시작한다. 1885년 시점에 당시 법원은 특허요건으로 '기술효과'를 요구했다.[5] 1889년 판례에서는 특허 가능한 발명 개념으로 기술진보를 가져오는 '기술효과(technischer Effekt)'를 요구하고 있다.[6] 또한 1906년 시점에 발간된 자료에 따르면, '오래된 독일의 견해'는 새로운 기술적 효과(a new technical effect)가 단순한 개선(mere improvements)으로부터 발명을 구별하는 특징이라고 주장하고 있다.[7]

---

5) Peter J. Gaylor · L. F. Marx, Carl Duisberg on Patents, Journal of the Patent Office Society, vol.26 no.5, 1944, p.349. "In order to prove a technical effect, which at that time [1885] already was important and influential for the decision on the patentability of the invention, we placed special emphasis on …".

6) Friedrich-Karl Beier, The inventive step in its historical development, IIC, 1986, p.319. 주52. 1891 PBI. 65.

7) H.E. Potts (1), Invention and Graduated Validity, Journal of the Patent Office Society, vol.24 no.9, 1942, p.631.

둘째, 19세기 말 '기술진보(technischer Fortschritt)'라는 용어가 사용되기 시작하였다. 시간이 지남에 따라, 새로운 기술효과라는 요건은 (상당한) 기술진보로 변화되었다.[8] 일부 학자들은 기술효과를 절대적 요건으로 보고, 상당한 기술진보를 상대적으로 낮은 기준으로 보기도 한다. 1888년 특허청은 특허요건으로 '기술진보'를 요구하였다.[9]

셋째, 20세기 초 '발명높이(Erfindungshöhe)'라는 용어가 만들어져 특허청의 결정과 법원의 판례에 사용되게 된다. 독일 특허청과 법원 실무가 '기술진보'에서 '발명높이'로 코페르니쿠스적 전환을 하는 시기를 가지게 되지만, 두 개념은 상당기간 공존하게 된다. '기술진보' 개념을 선호하던 특허청이 1959년 결정에서 '발명높이'를 유일한 기준으로 받아들이면서 전자는 점차 사라지게 된다. 1942년 두 개념이 공존하던 시기에 발간된 논문에 따르면, 발명높이 기준이 도입되었음에도 기존의 기준은 사라지지 않았다.[10] 즉 독일 특허법에서 '기술진보(technical progress/advance: technischer Fortschritt)' 요건은 기술높이 요건과 공존하고 있다고 기술하고 있다.

넷째, 1963년 체결된 국제조약을 독일어로 번역하면서, 조약의 영어 표현인 발명단계(inventive step)라는 용어가 '발명활동(erfinderische Tätigkeit)'이라는 용어로 받아들여지게 되고, 마침내 1976년 독일 특허법 조항에 들어가게 된다. '발명높이(Erfindungshöhe)'와 '발명활동(erfinderische Tätigkeit)'이라는 용어의 의미와 개념은 유사한 점이 있다.

---

8) Laura R. Ford, Alchemy and Patentability: Technology, "Useful Arts," and the Chimerical Mind-Machine, California Western Law Review, vol.42 no.1, 2005, p.87.

9) Rebekka Übler, op. cit., p.54. 주196. PA v. 11. Oktober 1888, in: PBl. 1889, S. 313 ff (315).

10) Laura R. Ford, op. cit., p.87.

〈표 2〉 독일에서의 진보성 관련 용어와 개념의 역사

구 분	처음 등장	실무 사용 기간(개략)		개념의 관계
technischer Effekt (기술효과)	1885	1885~	[중첩 기간]	다른 용어, 유사 개념
technischer Fortschritt (기술진보)	1888	1888~1959	[중첩 기간]	
Erfindungshöhe (발명높이)	1907	1914~1978	[중첩 기간]	다른 용어, 유사 개념
erfinderischen Tätigkeit (발명활동)	1963	1978~현재	[단일기간(입법)]	

이러한 독일에서의 진보성 관련 용어의 변화는 20세기 초에 발간된 법률서적을 통해서도 추정할 수 있다. 즉 1906년 책자에는 '새로운 기술효과'라는 개념이 나타나고, 이어서 1911년에는 이 기준이 '상당한 기술진보'로 대체되었다는 언급이 발견되며, 1926년에는 'Erfindungshöhe'라는 용어가 등장한다.[11)]

한편, 앞서 설명한 대표적인 개념 외에도 짧은 기간 동안 다양한 개념이 사용되었다. 예컨대, 숙련공을 놀라게 하면 발명이 있다는 증거라고 보는 '놀라움(surprise: Überraschung)'이라는 기준이 사용되고 있

11) H.E. Potts (2), The Definition of Invention in Patent Law, The Modern Law Review, vol.7 no.3, 1944, p.118.: "New technical effect" is discussed in Kent's Kommentar, 1906, I, 50 and 108. But the recent developments have clearly diverged from the older doctrine. In Isay, Pakntgesetz, 1911 (second edition) (48). there is a reference to the new technical effect, but it is stated that this is superseded by the criterion of "considerable technical advance," differing from Kent, 1906, I. 115-116. In Isay, 1920 (53) the reference to the new technical effect has disappeared, and in Isay, 1926 (56) the heading "Inventive Character" has been replaced by "Inventive Level."

었다.[12] 독일 특허명세서에서 "놀라운 관찰이 이제 이루어졌다."라는 문구가 일반적으로 사용되고 있었고, 특허 대리인은 매우 쉽게 놀란다는 냉소적 코멘트는 바로 '놀라움' 개념과 관련된 것이다. 이 '놀라움' 기준은 1914년 발간된 자료를 근거로 한 논문에서 논의되고 있다.[13] 1920년 발간된 자료는 '놀라움'은 구식 기준이라고 판단하고 있다.[14]

12) Ibid.

13) Ibid., E. Williamson, Trans. Chart. Inst. of Patent Agents, vol.59, p.90. (On "Prediction and Invention," see Potts, Journ. Soc. Chem. Ind., 1914.)

14) Ibid., Seligsohn, Patentgesetz, 1920. pp.25, 33.

제 4 장

점진적 기술혁신에 적합한 특허제도의 탄생

1. 독일의 산업혁명과 특허법의 제정
2. 제2차 산업혁명에 적합한 특허법 설계의 환경
3. 산업계 주도의 대기업 친화적 특허법 설계
4. 점진적 기술혁신형 특허설계 (1): 기업발명
5. 점진적 기술혁신형 특허설계 (2): 화학발명
6. 점진적 기술혁신형 특허제도와 진보성 개념의 관계

제 4 장

점진적 기술혁신에 적합한 특허제도의 탄생

1. 독일의 산업혁명과 특허법의 제정

독일은 1848년 3월 시민 혁명이 마무리되어 자본제사회로 전환된 후 산업혁명기에 접어들었다.[1] 1850년 경부터 1913년까지 공업화를 달성하여 20세기 초에 영국을 따라잡고 미국에 이어 세계 제2위의 공업국이 되었다는 점에서 이 시기를 독일의 산업혁명시기로 볼 수 있다.[2]

독일 산업혁명의 핵심요인은 중화학공업 분야의 '기술진보'였다.[3] 특허법, 기술교육제도, 연구조직 등의 제도개선에 따라 기술개발 활동이 강화되었고, 특허건수도 크게 증가했으며 새로운 기술지식이 산업간에 빠르게 전파되었다. 이 시기에는 철도기술(1877~1886), 염료기술(1887~1896), 화학기술(1897~1902), 전기공학기술(1903~1918)이 집중

1) 최단옥, 한국·독일의 산업혁명 과정 비교, 경영사학, 제24집 제3호, 2009, p.100.
2) 이헌대, 독일 산업혁명의 재조명, 경상논총, 제32권 제4호, 2014, p.76.
3) Ibid., p.86.

발전했다. 화학공업은 이미 1860년대부터 급성장했다. 전기공업은 1840년대 말 전신이, 1880년경 전화가 통신수단으로 이용되면서 수요가 급증했으며, 20세기 초 전동기가 점차 증기기관을 대체하면서 원동기로서의 역할을 하게 되었다. 독일 전기공업의 발전은 지멘스(Werner von Siemens)의 체계적 발명과 에디슨(Thomas A. Edison) 특허의 인수가 특히 중요했다.[4)] 종업원 수가 수천 명에 달한 지멘스-슈커트는 1901년부터 전력시장을 양분하여 지배했다. 독일 회사들은 19세기 마지막 20년 동안 현대 화학과 전기 공학에서 기술 선도자가 되었다.[5)]

2차 산업혁명이 마무리될 무렵에는 독일과 미국이 영국을 능가하는 양상을 보였다.[6)] 예를 들어, 세계의 공업생산에서 영국이 차지하는 비중은 1840년에 45%를 기록한 후 1913년에는 14%로 감소했던 반면, 같은 기간에 독일은 12%에서 16%로, 미국은 11%에서 36%로 증가했다.

2차 산업혁명은 대기업이 기술혁신을 주도하기 시작했다.[7)] 유럽은 1870년대 중엽부터 1890년대 중엽까지 대불황을 맞이했고, 이 때 기업 간 수평적 합병이나 수직적 통합이 빈번히 발생했다. 이러한 과정에서 등장한 대기업은 규모의 경제를 달성했다. 바이엘, 지멘스 등 2차 산업혁명기에 등장한 몇몇 대기업은 오늘날에도 활발히 활동하고 있다.

독일 최초의 특허법은 대기업이 기술혁신을 주도한 제2차 산업혁명의 한복판이라고 할 수 있는 1877년 제정되었다. 1877년 독일 특허법 제정을 독일에서의 뒤늦은 산업혁명의 결과물로 보는 학자도 있다.[8)]

---

4) Ibid., p.87.

5) Alexander Donges · Felix Selgert, Technology transfer via foreign patents in Germany, 1843-77, Economic History Review, vol.72 no.1, 2019, p.182.

6) 송성수, 산업혁명의 역사적 전개와 4차 산업혁명론의 위상, 과학기술학연구, 제17권, 제2호, p.21.

7) Ibid.

독일 특허법은 기업가의 적극적 참여하에 대기업 기술혁신에 적합한 형태로 설계된다. 독일 특허시스템은 가장 현대적인 산업 분야에 기여했기 때문에 의식적으로 채택되었다는 견해가 있다.[9)]

2. 제2차 산업혁명에 적합한 특허법 설계의 환경

(1) 국제 환경

1474년 베니스 특허법과 1624년 영국 전매조례에서 출발한 발명에 대한 독점권은 19세기 중반에 이르러서 'property'의 일종으로 편입되었다.[10)] 즉, 1790년 미국 특허법, 1791년 프랑스 특허법, 1836년 미국 특허법, 1852년 영국 특허법을 통해 현대적 권리를 담은 소유권적 특허법이 형성되었다. 이 시기는 자본주의 시장경제가 생성되고, 확산되는 시기와 일치하여, 특허권이 가지는 경제적 의미는 국제적 차원으로 확대되었다. 이에 따라, 특허제도의 정당성에 대한 논의가 19세기말 국제적 차원에서 활발하게 전개되었다. 본 논쟁은 1850년과 1875년에 정점에 달하게 되었다.[11)] 당시 특허제도를 지지하는 입장은 영국과 미국의 사례를 들었으며, 이를 부정하는 입장에서는 독일과 스위스가 특허제도가 없었기 때문에 성장했다고 반박했다.

1800년대 말까지, 특허가 아이디어에 대한 자연권적 소유권에서 유래되었다고 하는 것은 특히 독일에서 비판의 대상이 되었다. 독일에서는 당시(1863) 지식재산권(intellectual property)을 지지할 수 없는 정치

---

8) Friedrich-Karl Beier, op. cit., p.317.

9) K. Gispen (1), Poems in Steel: National Socialism and the Politics of Inventing from Weimar to Bonn, Berghahn Books, 2002, p.62.

10) 이하 다음 논문의 일부를 수정 보완함. 윤권순 (2), 특허권 재해석을 통한 특허괴물 현상 분석과 '지식권'의 제안, 충북대학교(박사논문), 2010, pp.85-87.

11) Machlup · Penrose, The Patent Controversy in the Nineteenth Century, The Journal of Economic History, vol.10 no.1, 1950, p.1.

적 날조로 보는 시각도 있었다. 이러한 반대 논리에 대항하기 위해서, 특허제도 찬성론자는 자연권적 권리라는 주장에서 후퇴하여 발명의 장려에 도움이 된다는 새로운 논리를 만들기도 하였다.

특허반대론자의 주장은 1863년부터 1872년까지 약 10년 동안 가시적인 성과를 거두게 된다. 즉 그 당시 유럽에서 유일하게 특허제도를 도입하지 않은 스위스는 1863년에 네 가지 특허제도 제안을 거부하고, 입법부는 특허보호원칙을 치명적이며, 변명의 여지가 없다고 하였다. 네덜란드는 1869년 특허법의 작동가능성을 둘러싼 토론 후 특허법을 폐지하였다. 1872년 영국정부는 30년 동안 특허시스템에 대한 조사와 정치가・경제학자들의 특허제도의 폐지 요구에 대응하여, 특허개혁법안을 제안하였다. 그 내용은 보호기간을 7년으로 단축하고 특허심사를 강화하며, 2년 내에 실시하지 않으면 특허권을 취소시키고, 모든 특허에 대해서 강제실시권을 부여하는 것이다.[12)]

특허제도의 효용성을 둘러싼 19세기 유럽에서 벌어진 논쟁은 1873년 유럽에서의 심각한 불황과 당시 북미로부터의 값싼 밀의 수입으로 인한 보호무역의 분위기로 인해, 1870년대 중반에 약화되었으며, 이로 인해 특허제도 옹호자는 그들의 반대자를 침묵시켰다. 영국은 1874년 특허개혁법을 철회했다.

스위스는 해적국가라고 비난받고 다른 나라들의 무역제재 압력을 받은 후 1888년 특허법을 제정하였다.[13)] 네덜란드는 1912년 새로운 특허법을 받아들였다. 이와 같이 1800년대 중・후반에 일어난 소유권

12) Pieter Hintjens, How the French turned exclusive privilege into property, 2007.11.16.<www.digitalmajority.org/forum/t-27067/how-the-french-turned-exclusive-privilege-into-property: 2010년 3월1일 최종방문)>: 본 글은 Pieter Hintjens가 Machlup・Penrose의 논문을 축약한 것임.

13) Dominique S. Ritter, Switzerland's Patent Law History, Fordham Intell. Prop. Media & Ent. L.J., vol.14 no.2, 2004, p.473.

적 특허권에 대한 논쟁은, 경제위기와 특허제도 보유국의 압력에 의해서 특허제도의 존속으로 귀결되었다.

특허제도 존속론자들의 입장이 현실에 반영되었으나, 그 과정에서 특허권의 자연권적 성격에 대한 비판이 많이 제기되었으며, 그 후 만들어진 1877년 독일제국의 특허법이 '소유권적 성격'에서 상당 부분 '산업정책적 성격'으로 전환되어 많은 국가에 영향을 주었다. 19세기 중반에서 말까지 이루어진 특허제도 논쟁 후, 특허제도는 영미법상의 '소유권적 특허제도'와 독일식의 '산업정책적 특허제도'로 분화되어 발전해 갔다. 19세기 특허권 논쟁은 특허제도가 존속하게 되어 특허제도 지지자의 승리로 끝났고, 19세기 말에는 논쟁이 없어졌다. 예로부터, 지적재산권에 대한 논의는 법적인 것이었으나, 19세기 후반에는 정치경제와 실용주의의 논리로 설명되기 시작했다.[14)]

(2) 독일 국내 환경

독일의 경우 프로이센이 1815년 특허법을 제정하는 등 독일관세동맹 당시 39개의 독일주 중 29개가 특허법을 가지고 있었다.[15)] 1877년 이전의 독일 특허시스템은 분열되어 있다는 것이 가장 큰 결점이었다.[16)] 특허 보호와 이론의 성격은 주마다 달랐다. 각 주는 특허제도의 본질에 대해서 발명가의 자연권이라는 프랑스 사상, 특허반대와 관련된 자유무역주의 원칙, 경제활동을 촉진하기 위해 특권을 부여하는 상

14) Brad Sherman · Lionel Bently, The making of Modern Intellectual property Law, Cambrige, United Kingdom, Cambrige University Press, 1999, p.174.

15) 윤권순 (2), op. cit., p.83.; Espen Moe, Governance, growth and global leadership: the role of the state in technological progress, 1750-2000, Ashgate Publishing, Ltd., 2007, p.143.

16) K. Gispen (2), Industrialists, Inventors and the German Patent System, 1877-1957: A Comparative Perspective, The History of Information Security: A Comprehensive Handbook(Karl de Leeuw · Jan Bergstra: Editors), Elsevier B.V., 2007, p.60.

업주의와 같은 다양한 입장을 가지고 있었다. 또한 일부 주는 심사 없이 모든 특허출원을 등록·승인하는 프랑스의 관행을 따랐고, 그 결과 수많은 특허들이 겹치고 상충되는 결과를 낳았다. 또 다른 주들은 엄격한 심사 절차를 가지고 있었고 다수의 특허출원을 거절 결정하였다. 또한 주간 또는 주 내에서도 보호 기간이 달랐다. 예를 들어, 프러시아에서는 특허의 최대 보호기간은 15년이었지만, 통상적인 기간은 3년으로 발명을 상용화하기에는 너무 짧았다. 프랑스의 관행에 따라, 대부분의 초기 독일 특허법은 기술공개를 요구하지 않았고, 발명가와 사업가들은 비자발적인 특허 침해와 영구적인 산업 비밀주의의 위험에 노출되었다. 이러한 다양한 특허 독점권은 주 간의 통상에 장애물로 작용했다.

19세기 첫 70년 동안 자유 무역 이데올로기의 부상과 함께 성장한 유럽 전체의 특허 반대 운동의 영향을 받아 1850년경 독일에서 강력한 특허 반대 세력이 나타났다.[17] 그들은 특허를 해로운 독점, 발명가에게 주어지는 부당한 특권, 무역을 제한하고 경제성장을 저해하는 구정권의 유산으로 보았다. 또한 독일은 경제적 후발국으로 선진국으로부터 기술을 도입해야 하는 입장이기 때문에, 기술 복제가 가능하도록 특허 보호가 없는 편이 산업발전에 도움이 된다고 주장했다. 특히 프러시아에서 특허반대 운동이 강했고, 거의 특허를 부여하지 않았다.[18]

그러나, 당시(1873~1879)의 대공황이 이러한 분위기를 바꾸어 놓게 된다.[19] 1870년대의 심각한 경제 위기로 인해 1860년대에 떠오른 특허에 우호적인 산업주의자의 로비가 성공하게 된다.

17) Ibid.
18) Ibid., p.61.
19) Ibid., p.61.

3. 산업계 주도의 대기업 친화적 특허법 설계

특허제도는 특정 산업과 경제의 성과에 심오한 영향을 미칠 수 있다.[20] 한 국가가 특허법을 제정하거나 개정하거나 폐기하려고 할 때 어떻게 자신의 특허법을 설계해야 하는지에 대한 아이디어를 얻기 위해 세계 각국의 다양한 특허법을 조사하기 마련이다. 이에 따라 그 시대의 압력에 대응하여 특허법의 모습을 선택하게 된다. 영국이나 미국과는 달리 제2차 산업혁명의 와중에서 늦은 시기에 특허법 제정을 하게 된 통일 독일은 기존과의 다른 특허시스템을 만들 수 있는 위치에 놓이게 된다.

독일 특허법은 발명의 산업화, 산업의 관료화가 시작되었던 1877년에 제정되었다.[21] 이 시기에 개인의 권리를 중시하던 고전적 자유주의는 물러나고 집단주의적 사회 이론이 중심에 서게 된다. 특허법 제정 직전인 1875년 독일의 한 특허법 학자 콜러(Josef Kohler)는 무체물 위에 존재하는 권리를 소유권의 일종이라고 보는 종래의 학설은 잘못이며, 이것과 다른 새로운 권리, 즉 무체재산권(immaterialguterecht)으로 파악하여야 한다고 주장하였다.[22] 특허권은 시간적으로 유한하며, 각국에서 별개의 권리가 부여되고, 외형상의 소재지를 갖지 않으며, 형체상의 존재가 없어서 점유할 수 없다는 점에서 소유권이라고 할 수 없다는 것이다. 콜러의 무체재산권설은 독일에서 학설 및 판례의 승인을 받게 된다.[23] 이러한 이론은 특허권을 'Eigentum'이라는 '전통적 소

---

20) Johann Peter Murmann (1), Knowledge and Competitive Advantage: The Coevolution of Firms, Technology, and National Institutions, Cambridge University Press, 2003, p.20.

21) K. Gispen (2), op. cit., p.60.

22) 吉藤幸朔(유미특허법률사무소 역), 특허법개설 제13판, 대광서림, 2005, 489면.

23) 신재호, 지적재산의 개념에 관한 고찰, 산업재산권, 제17호, 2005, 163면.

유권'의 일종으로 받아들이기 보다는 산업발전의 정책적 수단으로서, 재산적 가치를 가진 권리로 보는 1877년 특허법의 성격을 뒷받침해 주고 있다고 하겠다.

산업혁명 당시 독일 기업 경영에 있어서 특허전략의 중요성은 매우 컸다. 바이엘 사의 회장을 역임한 뒤스베르그(Carl Duisberg)는 당시 한 염료(Benzopurpurin 4B) 특허의 무효 소송에 임하면서 회사의 미래가 이 소송에 달려있다고 생각하였다.[24] 산업계는 독일 최초의 특허법 설계에 관심을 가지게 된다.

1873년 비엔나에서 결성된 국제특허회의에 자극을 받아 이듬해인 1874년에 지멘스(Werner von Siemens)는 독일특허보호협회(German Association for Patent Protection: Deutscher Patentschutzverein)를 결성하고,[25] 협회의 의장을 맡았다. 동 협회는 정치적 환경 변화(불황으로 인한 보호무역과 친 특허 분위기)를 잘 이용하여 특허법을 입법 쟁점으로 부각시키는데 성공했다.

지멘스는 전기회사(Siemens Electric)의 대표이자 뛰어난 발명가였으며, 1877년 특허법 제정을 주도했다.[26]

자유무역주의자와는 대조적으로, 지멘스는 특허 보호 없이는 독일 산업이 살아남을 수 없다고 확신했다.[27] 그러나 기존 특허제도의 단점, 특히 발명자의 권리의 자연법 이론에 대해서는 자유무역주의자와 마찬가지로 반대했다. 또한 그는 기술공개와 실시를 요구하지 않고 발명을 비밀에 부칠 수 있는 자연법적 재산권으로 보는 구법이 발명가들에게 과도한 특권을 부여해 경제성장을 저해했다고 생각했다. 지멘스

24) Peter J. Gaylor · L. F. Marx, p.354.
25) Johann Peter Murmann (1), op. cit., p.181.
26) K. Gispen (2), op. cit., p.61.
27) Ibid., p.61.

의 생각은 양측의 차이를 좁히는데 큰 역할을 했고 1877년 법안의 통과를 위한 토대를 마련하는데 도움을 주었다.

그는 당대 독일의 위대한 발명가였으나, 기업가 입장에서 특허법을 설계했다.[28] 그는 발명가가 아닌 대기업의 입지를 확고히 하는 특허시스템과 산업을 보호하고 산업가와 투자자의 특허권 획득을 촉진하는 특허시스템을 확보하고자 했다.[29] 지멘스에게 특허제도의 목적은 발명자에게 돈을 벌게 하는 것이 아니라, 산업발전을 촉진시키는 것이었다.[30] 이는 경제적 동기와 개인 발명가의 권리 보호가 혼합된 영미식의 사상도 아니었고, 자연법과 지식재산권에 대한 프랑스식의 사상도 아니었다. 지멘스에게 특허법의 유일한 초점은 국가 경제의 이익이었다. 특히, 새로운 아이디어의 가능한 한 빠른 공개와 확산, 새로운 기술을 개발하는 값비싼 과정에 대한 업계의 투자를 유도하는 것이 특허제도의 역할이라고 보았다.

지멘스는 경제적인 것에 기초한 특허제도는 적어도 네 가지 특징을 가지고 있어야 한다고 판단했다.[31] 첫째, 특허청구에 대한 기술적, 역사적 조사를 하고 그 가치를 판단하기 위해 특허심사관을 두어야 한다. 이것은 가치 없거나 동일하거나 모순되는 특허의 축적을 방지하고 소송의 공포를 줄임으로써 산업 활동을 촉진한다는 것이다. 둘째, 연회비가 비싸고 가파르게 올라야 발명가들이 금전적으로 이득이 없는 독점에 집착하는 것을 막을 수 있다고 보았다. 셋째, 특허권은 기간뿐만 아니라 강제실시권 제도에 의해서도 제한되어야 한다고 생각했다. 특허권자가 발명을 시장에 내놓으려 하지 않았을 경우, 다른 누군가가

28) Ibid., p.61.
29) K. Gipson (1), op. cit., p.28.
30) K. Gipson (2), op. cit., p.61.
31) Ibid.

상업화를 하기 위해 실시허락을 받을 수 있도록 해야 한다는 것이다.[32] 넷째, 선발명주의 또는 '발명자의 권리' 원칙이 아닌 선출원주의를 채택해야 한다고 했다. 여기서 선출원주의는 특허가 최초 출원자에게 돌아가는 것만이 아니라, 그 사람이 발명자인지 아닌지에 관계없이 최초 출원자에게 돌아가는 것을 의미했다. 지멘스와 그의 지지자들은 선출원주의가 여러 가지 중요한 목표를 달성할 수 있을 것이라고 판단했다. 즉 기술의 진보를 비밀로 하는 파괴적인 관행을 없애고, 발명을 최초로 신고한 사람에게 보상함으로써 신속하게 발명을 공개하고 확산시킬 수 있다는 것이다. 또한 선출원주의가 선발명자를 가리는 어렵고 시간이 걸리는 특허청의 업무를 해방시키고 관련 소송을 줄일 수 있으며, 고용된 발명가가 사용자에게 발명을 양도할 필요가 없게 되어 잠재적 갈등 요인을 제거할 것이라고 보았다.

1877년 특허법은 지멘스가 제안한 이러한 특성들이 포함되었고, 그가 미친 지대한 영향으로 인해 '지멘스 헌장(Charta Siemens)'으로 불리기도 한다.[33]

1877년 특허법은 다음과 같은 점에서 당시의 영국, 미국, 프랑스 등과 비교해서 산업정책적인 성격을 가지게 되었다.[34][35] 첫째, 선발명주의(true and first inventor) 대신 선출원주의를 도입하였다. 둘째, 특허부여 전에 특허청구범위와 특허명세서를 공개하고 제3자가 이의신청을 할 수 있도록 하였다. 자세한 기술의 공개로 동 지식이 널리 활용될 수 있도록 정보를 공개하도록 한 것이다. 셋째, 식품, 의약품, 화학물

32) Ibid., p.62.
33) Ibid.
34) 윤권순 (2), op. cit., pp.83-84.
35) Margrit Seckelman, Industrial Engineering and the structure for the protection of patents in Germany, 1856-1877, QUADERNS D'HISTÒRIA DE L'ENGINYERIA, VOLUM V, 2002-2003, pp.234-240.

질 그 자체(물질)에 대해서 특허를 주지 않고, 제조방법에 대해서만 특허를 주게 하였다. 여러 제조 방법을 개발하도록 함으로써 산업발전에 도움이 되도록 한 것이다. 넷째, 발명에 대한 기업의 접근을 용이하게 하기 위해서, 기업이 특허를 출원할 수 있도록 하였다.[36] 다섯 번째, 등록 후 처음 3년 내에 발명을 실시하지 않거나, 공공의 이익이라고 여겨지는 발명의 사용에 대한 실시허락을 거절하거나 발명이 애초에 독일 외에서 활용되었을 경우 특허권을 취소할 수 있도록 하였다. 이는 소유권(Eigentum)과는 성격이 다른 권리임을 말해주고 있다. 여섯째, 권리침해자에게 구제수단으로 벌금과 형사적 처벌을 부여하였다. 이와 같이 1877년 독일 특허법에서의 특허권은 '소유권(Eigentum)'과는 법적 성격에서 많은 차이를 보이고 있으며, 근본적으로 독일의 산업발전의 도구로 설계되었음을 알 수 있다. 이러한 특허법의 내용 중 상당 부분이 현대의 특허법에 영향을 주었다.[37] 또한 독일은 1891년 소발명에 대한 무심사 등록방식을 채택한 실용신안법을 특허법과 별도로 제정하였다.

1877년 특허법으로 인해 기술 공개와 확산이 빠르게 이루어졌고, 기술비밀과 소송이 줄었으며, 기술 혁신에 대한 투자가 촉진되었다.[38] 이 법률은 전기, 화학, 물리 및 공학에 기반을 둔 대규모 기술 시스템

---

36) 1877년 독일 특허법 제3조 Auf die Ertheilung des Patentes hat derjenige Anspruch, welcher die Erfindung zuerst nach Maßgabe dieses Gesetzes angemeldet hat. Ein Anspruch des Patentsuchers auf Ertheilung des Patentes findet nicht statt, wenn der wesentliche Inhalt seiner Anmeldung den Beschreibungen, Zeichnungen, Modellen, Geräthschaften oder Einrichtungen eines Anderen oder einem von diesem angewendeten Verfahren ohne Einwilligung desselben entnommen, und von dem letzteren aus diesem Grunde Einspruch erhoben ist.

37) Dominique Guellec · Bruno van Pottelsberghe de Potterie, The economics of the European Patent System, Oxford University Press, 2007, p.22.

38) K. Gispen (2), op. cit., p.62.

과 이를 실현하는 데 필요한 막대한 자본 투자에 잘 맞는 제도라고 할 수 있다.

그러나, 이 특허시스템은 발명가의 권리를 희생시킨 측면이 있다.[39] 산업의 필요성이라는 명분하에 저자 원칙의 합법성을 부정하고 제거한 반동적인 법률이라는 비판도 있다. 선출원주의 법체계 속에서 종업원 발명자는 특허를 출원할 권리를 상실하고, 그 권리와 함께 저자의 명예, 전문성 인정 및 특별한 보상에 대한 권리 등 발명에 관한 다른 모든 권리를 상실했다. 특허 서류에 있는 유일한 이름은 회사나 고용주의 이름이었다.[40]

또한 비싸고 보유기간에 따라 급격히 오르는 수수료 체계와 강제실시권 제도는 독립 발명가들과 소규모 기업들에게 주요한 장애가 되었다.[41] 두 그룹 모두 보통 15년 동안 특허를 유지하거나, 자금력이 풍부한 대기업과 자본가들에게 대항할 자원이 부족했다. 1877년 특허법은 독일의 정치 및 기술 문화에 영향을 미쳤다. 예를 들면 엔지니어, 발명가, 소규모 기업가 그룹들은 빌헬름(Wilhelmine, 1890-1918)과 바이마르(Weimar, 1919-1933)시대에 대해 많은 불만을 가지고 있었다. 또한 독일에서는 당대의 미국보다 독립 발명가들과 관련된 기술 혁신 유형에 덜 호의적이었다.

4. 점진적 기술혁신형 특허설계 (1): 기업발명

1877년 특허법은 기업가인 지멘스에 의해 주도되어 기업이 특허권을 획득하기 편리한 방식으로 설계되었다.[42] 그 결과 후에 '기업발명'

39) Ibid., p.62.
40) Ibid., p.63.
41) Ibid., p.62.
42) K. Gispen (1), op. cit., p.28.

이라고 불리게 되는 개념이 산업현장에서 작동하게 되었다. 1877년 특허법은 기업발명이 작동하는데 두 가지 측면에서 도움을 주었다.

첫째, 선출원 시스템을 채택하면서 출원인에 대한 제한을 두지 않았다(제3조 전단). 이 조항으로 인해 종업원 발명가의 출원할 권리가 무력화되는지는 처음에는 명확하지 않았다.[43] 조문에서 저자에 대한 언급이 없어서, '누가 최초의 발명가인가'가 아니라, '고용주와 종업원 중 어느 쪽이 출원할 권리가 있는가'라는 것이 쟁점이 되었다. 조문에는 불법으로 발명을 취득한 출원인의 주장을 무효로 하는 것을 제외하고는 이 문제에 대해 침묵했다. 이는 고용주와 종업원 간의 빈번한 소송과 특허 전문가들 간의 분쟁의 대상이 되었다.[44] 이에 대해 기업은 종업원에게 종업원이 한 모든 발명은 고용주의 것이라고 한 특허 계약에 서명하도록 요구하여 이 문제를 해결했다. 당시 독일에서는 법원들이 대체로 이러한 계약을 유효하다고 판단했다.[45]

둘째, 다른 사람의 도면, 시설 등을 사용하여 발명한 경우 출원 자격을 박탈하였다(제3조 후단). 이는 발명의 불법 취득에 관한 특허법 조항이다.[46] 고용에서의 발명에는 일반적으로 다른 직원 간의 협업이나 회사의 장비, 사내 지식 또는 경험이 포함된다. 이 사실은 제1차 세계대전 이후 '기업발명(company invention: Betriebserfindung)'으로 알

---

43) K. Gispen (2), op. cit., p.63.

44) 1877년 독일 특허법 제3조 Auf die Ertheilung des Patentes hat derjenige Anspruch, welcher die Erfindung zuerst nach Maßgabe dieses Gesetzes angemeldet hat. Ein Anspruch des Patentsuchers auf Ertheilung des Patentes findet nicht statt, wenn der wesentliche Inhalt seiner Anmeldung den Beschreibungen, Zeichnungen, Modellen, Geräthschaften oder Einrichtungen eines Anderen oder einem von diesem angewendeten Verfahren ohne Einwilligung desselben entnommen, und von dem letzteren aus diesem Grunde Einspruch erhoben ist.

45) K. Gispen (2), op. cit., p.64.

46) Ibid.

려진 '설립 발명(establishment invention: Etablissementserfindung)' 개념을 낳았다. 기업발명의 정확한 의미와 범위는 명확하지 않았다. 자유주의자들은 이를 다양한 협력자들의 다양한 기여와 과거의 경험에서 비롯된 발명으로 결정적인 기여를 한 개인(들)을 더 이상 식별할 수 없는 경우로 좁게 정의하였다. 반면에, 산업계 진영의 학자들은 기업발명을 광범위하게 정의하여 조직의 분업과 고용주의 투입으로 인한 대부분의 발명에 적용하였다. 두 경우 모두, 회사가 최초 발명자이며 따라서 출원할 권리가 있는 기관이라고 보았다. 따라서 기업발명을 종업원이 출원했을 경우, 고용주는 그 발명이 공동작업에서 유래하고 회사의 노하우와 자료에 근거한다는 이유로 특허를 못 받게 하거나 특허를 무효로 할 수 있다. 그 발명은 종업원이 불법으로 취득한 원래의 회사 재산이다. 기업발명 개념은 회사를 원래의(original) 발명가로 만들면서, 종업원의 특별하고 창의적인 투입과 그에 따른 발명가로서의 능력을 박탈했다.

기업발명 개념은 종업원 발명에 적용된 선출원 제도의 직접적인 결과였다.[47] 그것은 금전적 보상과 저자에 대한 인격적 인정 없이 직원들의 발명을 획득하기 위한 독일 고용주들의 가장 효과적인 법적 무기가 되었다. 기업발명은 고용계약보다 더 믿을 만하다는 것이 입증되었지만, 여전히 많은 부분이 법적인 해석에 달려 있었다. 기업가들은 항상 기업발명을 가능한 한 광범위하게 하기 위해 노력했다. 반면 종업원들은 근본적인 개혁과 선발명제도에 기반한 특허법 채택을 요구하며 기업발명 개념을 완전히 없애려 했다. 이것이 실패했을 때, 종업원 발명가들은 기업발명을 가능한 한 좁게 유지하기 위해 노력했다.

47) Ibid.

이러한 갈등에서 비공식적인 개념들이 나타나기 시작했다. 제1차 세계대전 직전, 기업발명, 서비스 발명, 자유발명이라는 개념들이 구별되어 등장하게 된다.

자유발명은 사용자의 사업과 관계없는 발명으로 종업원의 무제한 재산으로 정의되었고 논란의 소지가 없었다. 서비스 발명(Diensterfindungen 또는 dienstliche Einzelerfindungen)은 한 명 이상의 개별 직원으로부터 나온 발명이다. 소유권은 고용주에게 돌아갔고, 그 대가로 종업원은 특허문헌에 이름을 올렸으며, 금전적 보상을 받는 경우도 있었다.

기업발명은 회사가 조직한 공동 연구개발에서 나왔다.[48] 집단발명으로서, 이러한 발명들은 전적으로 고용주의 소유였으며, 종업원에게 발명자 표기나 금전적 보상을 받을 권리를 부여하지 않았다. 그러나 기업발명에 대한 정확한 정의는 일차 세계대전 전후로 끝없는 논쟁의 대상이 되었다. 예를 들어, 1914년 개최된 회의에서 대기업이 지배하던 독일산업재산보호협회(Deutscher Verein für den Schutz des Gewerblichen Eigentums: DVSGE)는 기업발명을 '회사의 준비 활동, 제안, 지원, 경험에 의한 모든 발명'으로 정의했다. 이것은 너무 광범위해서 모든 서비스 발명이 배제되는 결과를 가져온다. 이와는 대조적으로, 직원들을 우대했던 제국정부의 1913년 특허개혁법안은 '발명가로서 특정 개인으로 거슬러 올라갈 수 없는 것'으로 기업발명을 제한한다는 좁은 정의를 사용했다. 이것은 매우 제한적이어서 거의 모든 것이 서비스 발명이 된다.

48) Ibid.

5. 점진적 기술혁신형 특허설계 (2): 화학발명

1856년부터 1914년 사이에 독일 기업이 염료시장을 실질적으로 독점하고 있었다.[49] 1877년 이전 독일 특허법의 부재와 1877년 연방특허법의 제정이 모두 이러한 독점에 긍정적인 영향을 주었다는 평가가 있다.[50]

(1) 특허법 제정 전 화학산업과 특허제도

1877년 이전에는 독일에서의 치열한 시장 경쟁이 독일 기업으로 하여금 염료의 제조와 판매에 있어서 우월한 역량을 갖추도록 강제하였다.[51] 이 때문에 독일에서 특허권을 얻지 못하는 상황이 오히려 도움이 되었다. 독일의 선도 기업이 최적의 조직적 역량을 갖추었기 때문에 일단 독일이 세계 합성염료 산업에서 주도적인 위치를 점유하게 되었다.

영국은 1624년 이래 특허법을 가지고 있었다.[52] 화학산업의 경우 제품특허와 제조특허의 구분이 중요함에도 불구하고 당시 영국특허법은 이를 구분하지 않았고, 이러한 법적 미비점으로 인해서 특허법이 없는 독일에 비해 영국 산업계에 부정적 영향을 주게 되었다. 즉 영국 화학업체가 특허분쟁을 벌이는 동안, 독일 업체는 기술개발에 전념할 수 있었다. 영국특허법은 섬유산업에는 적합했으나, 화학산업에는 적합하지 않았다. 1852년 특허법은 기술발전을 예측하지 못했기 때문에 특허의 보호범주, 예컨대 염료특허의 경우, 화학물질 자체에 대한 권리를 독점하는지, 제조방법만을 독점하는지 등이 불확실한 상황이었

49) Johann Peter Murmann (1), op. cit., p.87.
50) Ibid., p.85.
51) Ibid.
52) 윤권순 (2), op. cit., p.81; Espen Moe, op. cit., p.143.

다. 퍼킨(Perkin)의 경우 아닐린 염료에 대한 특허를 신청했을 무렵 실질적으로 동일한 기술을 사용하는 많은 영국회사가 설립되었다. 1861년부터 1865년 동안 어떤 회사가 어떤 색깔에 대한 권리를 갖는가에 대한 많은 특허소송이 발생하게 되었다. 몰(Maule), 심슨(Simpson), 스필러(Spiller)는 자홍색 염료에 대한 특허를 인정받았고, 다른 회사들은 시장에서 제거되었다. 반면에 특허법의 영향을 받지 않은 독일은, 자홍색 염료를 보다 싼 가격에 생산할 수 있는 방법을 개발하여, 영국시장에 침투하게 되었다.

산업의 초기단계에서 영국회사는 신기술을 개발하기보다는, 법정에서 시간과 자원을 많이 소모하였다.[53] 그 후 영국회사는 특허권자의 특허부여 4년 내 영국 내 실시의무를 요구하였고, 이것이 이해관계가 대립되는 상인들의 반대에도 불구하고 1883년 특허법에 반영되었으나 조항이 애매하여, 독일 회사들은 자국에서 여전히 염료를 생산하였으며, 실질적인 효과는 미미하게 되었다. 독일이 오히려 이 시기에 특허시스템을 갖지 않음으로써 혜택을 보았다.[54]

(2) 산업계의 화학 특허 법조문 설계

통일된 독일에서 특허시스템은 염료기업의 혁신 전략에 극적인 영향을 미치게 된다.[55] 1877년 특허법이 제정된 이후에는 어느 정도 수준에 오른 독일의 선도기업들이 특허제도를 활용하여 그들의 위치를 공고히 하게 된다.[56]

독일 염료회사와 산업 협회는 그들에게 도움이 되는 특허시스템을 만드는데 영국경쟁자에 비해 더 성공적인 활동을 한 것으로 평가되고

53) Espen Moe, op. cit., p.144.
54) Ibid., p.143.
55) Johann Peter Murmann (1), op. cit., p.20.
56) Ibid., p.85.

있다.[57)]

독일은 그 당시의 화학 산업계의 요구를 반영하여, 화학 발명에 대한 특허조항을 넣음으로서, 산업의 우위를 점하는데 특허법으로부터 도움을 받았다.[58)] 1877년 특허법은 화학물질에 대한 특허를 허용하지 않고 화학공정(제조방법) 특허만을 허용하도록 규정하고 있다. 새로운 물질에 대해 특허권을 부여하는 물질특허는 혁신적인 발명으로 후발주자들의 공정 개량 기술을 통제할 수 있다. 한편, 공정특허는 물질을 만드는 특정한 방법에 대한 특허다. 이미 알려진 물질이라고 하더라도 다양한 방식의 새로운 공정에 대해서 공정 특허를 부여 받을 수 있다. 이는 일종의 개량발명의 성격을 가지고 있다. 기업인과 화학자는 입법과정에서 공정특허만을 허여하도록 특허조문을 제안함으로써, 화학분야에 대해서는 도약적 기술혁신이 아닌 점진적 기술혁신에 적합한 특허법이 만들어지게 된다. 그 과정을 살펴보면 다음과 같다.

유기화학을 전공한 창업자 마티우스(Carl Alexander von Martius, AGFA사)와 그의 스승인 대학교수 호프만(August Wilhelm Hofmann)은 독일 특허법 개정을 주도한 독일특허보호협회의 회원이면서 동시에 독일화학협회 회원이었다.[59)] 1877년 봄에 의회는 첫 번째 통일 독일의 특허법 통과를 놓고 토론하였다. 제국정부가 만든 특허법안에는 화학과 의약에 대한 물질특허가 부여되도록 되어 있었다. 이 시점에 들어서야 화학계가 특허법 설계에 개입하게 된다.

독일화학협회는 화학공업협회가 결정되기 전 시점에서 아카데미 화학자와 염료업계의 견해를 통합해서 한 목소리를 낼 위치에 놓여있었다. 당시 독일 염료업계에서는 염료 관련 특허보호에 대해 보호하지

57) Ibid., p.179.
58) 윤권순 (2), op. cit., p.81.
59) Johann Peter Murmann (1), op. cit., p.181.

말자는 의견부터 강하게 보호해야 한다는 의견까지 다양한 견해가 있었다. 호프만(Hoffman)은 비밀로 유지하는 것보다 특허로 보호받는 것이 타당하다는 분위기를 조성하기 위해서 당시 알려진 염료의 화학구조를 공개하였고 그 과정에서 관련 염료회사의 항의를 받기도 하였다.

마티우스(Martius)와 호프만(Hoffman)이 주도가 되어서 화학물질 특허는 배제하고 화학공정에 대한 특허만을 부여하는 안을 만들었다.[60] 이 안은 화학협회 내에서 상당한 공감을 얻고 이사회가 받아들여 청원형식으로 의회에 1877년 3월 16일 제시되었다. 이를 받아들인 독일 최초의 특허법이 1877년 5월 25일 통과되게 된다.[61] 화학물질 특허를 배제한 배경에는 많은 염료업계 지도자들이 프랑스에서 화학물질특허로 인해 염료산업이 파괴되었다고 인식한 점을 들 수 있다.[62] 앞서 소개한 영국 화학특허제도 운영 실패도 참조했을 것으로 보인다.

이와 같이 1877년 독일 특허법은 당시 영국과 미국 특허법이 화학물질에 대한 특허부여를 허용한 것과는 달리 화학물질 제조 공정에 대해서만 특허를 부여하였다.[63] 이로 인해 독일기업들이 특정 염료에 대하여 가능한 한 다양한 제조 공정을 연구할 동기가 부여되었다. 새로운 염료를 찾기 위한 목적만을 가진 산업체연구실이 1877년 특허법 통일 이후에 나타나게 된다. 1877년(BASF)과 1886년(Bayer) 사이에 독일의 7개의 대규모 염료기업이 연구만을 위한 실험실을 설립하였다. 선도 기업들은 체계적인 기업 R&D 연구실을 발전시켜 지배적인 위치를 공고히 할 수 있었다.[64] 또한 물질특허가 아닌 방법특허만을 허용했기 때문에 후발 주자가 기술개발 활동에 뛰어들 수 있었다.[65] 예컨

60) Ibid., p.181.
61) Ibid., p.182.
62) Ibid., p.181.
63) Ibid., p.91.
64) Ibid., p.87.

대, 바이엘은 독일의 선두 주자인 타 회사(BASF 및 Hoechst)의 산업체 연구실에서 나온 결과물을 계속 활용할 수 있었다. 독일 특허 환경의 이러한 변화는 독일 염료산업이 세계시장을 지배하는데 기여하게 된다.[66)]

한편, 독일화학협회가 1877년 제정 특허법의 설계에 직접적인 영향을 주었던 데 반해서 1877년 11월 뒤늦게 발족한 독일 화학공업협회는 1891년 개정 특허법 설계에 영향을 미치게 된다.[67)] 독일 염료제조업체는 스위스의 경쟁업체들의 제조방법 특허침해를 우려했고 동 협회 산하의 특허위원회는 독일 특허법 개정을 위한 활동을 적극적으로 하게 된다.[68)] 그들의 제안이 결실을 맺어 1891년 특허법에는 특허침해소송에서 입증책임을 전환하는 조항이 들어가게 된다. 이로써 공정특허의 취약점이 보완되었다. 이에 따라 특허침해 혐의자가 염료를 다른 방법을 이용해서 제조했다는 증거를 제출해야 했고, 스위스 경쟁업체는 특허된 염료 제조방법을 자유롭게 이용하는데 제한을 받게 된다. 이와 같이 화학공업협회가 독일 특허법을 설계하는데 성공적으로 참여했던 원인은 협회가 내부이견을 조율하여 한 목소리로 합의된 안을 만들어 특허청과 관련 정부기관에 로비를 하였기 때문이다. 또한 관련 회사들은 높은 수익을 내어 항구적인 특허위원회를 지속적으로 운영하고 변호사를 직원으로 고용할 수 있다는 점도 성공요인이라고 하겠다.

---

65) Johann Peter Murmann (2), The Complex Role of Patents in Creating Technological Competencies A Cross-National Study of Intellectual Property Right Strategies in the Synthetic Dye Industry, 1857-1914, University of St.Gallen, 2002, p.21.

66) Johann Peter Murmann (1), op. cit., p.91.

67) Ibid., p.183.

68) Ibid., p.185.

이 같이 독일 화학 산업계는 특허법 설계에 참여하여 점진적 기술혁신에 적합한 특허조항을 포함시켜 자신의 이익을 관철시켰다.

6. 점진적 기술혁신형 특허제도와 진보성 개념의 관계

특허성(patentability) 기준은 국가의 산업정책과 밀접한 관련이 있으며, 일반적으로 개발도상국은 특허성 기준을 산업화 국가보다 낮게 정하여 국내 산업의 개선을 더 잘 보호하고자 한다는 견해가 있다.[69] 이는 19세기 독일의 특허제도의 특징과 특허요건 가운데 하나인 진보성 개념이 밀접한 관련을 가질 수 있다는 점을 말해주고 있다.

(1) 독일 산업혁명 당시 기업의 집단 연구의 중요성

1877년 통일된 특허법이 제정될 때까지 여러 독일 공국에 자리 잡은 화학 회사들은 타 회사의 전문 화학자들을 빼내기 위해 경쟁했다.[70] 특허법이 제정되자 새로운 염료의 연구개발이 주된 경쟁 활동이 되었다. 그 결과 과학과 기술을 통합한 산업체연구소가 탄생하게 되는데, 예컨대 1896년 바이엘 사(F. Bayer & Co.)의 과학자 직원은 104명에 달했다. 산업체연구소는 19세기 말과 20세기 초에 여러 산업으로 폭넓게 확산되었는데, 이들 연구소는 일반적으로 신기술을 개발하기보다는 기존의 기술을 개량하고 확장하는 일에 대부분의 노력을 기울였다. 또한 흔히 특허를 개발하고 통제하여 경쟁 업체를 밀어내는 역할도 했다.

바이엘 연구소에서 수행된 실용적 연구에서 볼 수 있는 바와 같이

69) Toshiko Takenaka, The Substantial Identity Rule under the Japanese Novelty Standard, UCLA Pac. Basin L.J., vol.9, 1991, pp.220-221.

70) 제임스 E. 매클렐란 3세, 해럴드 도른(전대호 옮김), 과학과 기술로 본 세계사 강의, 모티브, 2006, p.474.

독일의 화학산업의 특징은 대학과 기업의 긴밀한 협력이다. 기초연구는 대학이 담당했고, 산업체는 주로 염료의 특징과 다양한 직물에서의 고착성을 시험하는 반복적인 실험과 경험적인 연구를 맡았다.[71] 예컨대 1896년에 바이엘 사는 2,378개의 색소를 시험했지만, 그 중에 37개만 상품화했다. 이 같은 사례가 말해주듯이, 이론을 응용할 수 있는 분야에서조차 과학자들이 '연구'를 수행했음에도 불구하고 반복적인 시도와 오류의 방식으로 연구가 이루어졌다.

바이엘 사에서 연구개발의 문제에 부딪쳤을 때 연구원 모두에게 공고하여 그 해결책을 제안 받았다고 한다.[72] 이러한 팀 단위의 연구가 동사에서 성과를 거두었다고 연구책임자(Duisberg)가 회고록에서 밝히고 있다.

(2) 기업발명이 진보성 개념에 미친 영향

앞서 살펴본 바와 같이 독일의 산업혁명은 대기업 주도로 이루어진 특징을 가지며, 산업계 주도로 대기업 친화적 독일 특허법이 1877년 제정되게 된다. 동 법에 근거하여 기업이 발명을 소유하는 소위 '기업발명'이라는 개념이 나타나며, 기업 경영전략의 중요한 부분을 차지하게 되었다.

기업발명을 합리화하기 위해 당시 발명가이자 대기업 고위 임원인 사람들이 기업에서 이루어지는 발명은 집단적인 노력의 결과이지 개인

---

71) Ibid., p.475.

72) Peter J. Gaylor · L.F. Marx, op. cit., p.354. "One method which F. Bayer & Co. employed to make the chemists think constructively on the solutions to the various problems was to hold occasional conferences of the whole staff and present to them the problems facing. the organization. Then each individual was made to submit a report on the meeting together with his opinions. In this way ideas were obtained from members of the staff who otherwise probably would not have voiced themselves."

의 독창성이 발휘된 것이 아니라는 입장을 밝히고 있다.

예컨대, 친 발명가 로비에 대응하여 발명자 권리를 반대하는 차원에서, 바이엘사 대표인 뒤스베르그는 1909년 합성염료 산업에서의 발명을 다음과 같이 묘사하고 있다.[73]: "주어진 과학 이론은 실험실 감독자의 지시 또는 각 실험실 화학자의 주도에 따라 간단히 테스트된다. 이론은 제품이 염색 특성을 가져야 한다고 말한다. 그러나 새로운 염료가 새로운 것을 할 수 있는지 여부를 찾는 것보다 중요하지 않다. [⋯] 따라서 화학자는 자신이 합성한 모든 신제품을 염색 공장으로 보내고 염색 감독자의 평결을 기다린다. [⋯] 창의적인 천재의 흔적은 없다. 발명가는 공장의 규정된 경로를 일상적으로 따르는 것 외에는 아무 것도 하지 않았다."

또한 그는 화학발명의 특허성 기준을 공정의 신규성에서 용도의 신규성까지 확대하도록 법원(Reichsgericht)을 설득하여 '일상적 발명(routine invention)'에 대해서도 특허를 받는데 성공했다.[74]

이러한 뒤스베르그의 두 가지 입장을 종합하면, 산업현장에서 발생하는 발명은 대개 점진적인 기술발전이고, 이러한 발명에 대해서도 특허가 부여되어야 한다. 그의 생각은 곧 '점진적 기술진보'를 진보성 개

---

73) K. Gispen (1), op. cit., p.71. "A given scientific theory is simply put to the test, either at the instigation of the laboratory's supervisor or at the initiative of the respective laboratory chemist. The theory tells us that the product must possess dyeing properties, but that matters less than finding out whether the new dye can do something new ⋯ The chemist therefore simply sends every new product he has synthesized to the dye shop and awaits the verdict of the dyeing supervisor ⋯ Not a trace of inventive genius: the inventor has done nothing more than routinely follow a path prescribed by the factory's method." C. Duisberg, Comments at Stettin Kongess für gewerblichen Rechtsschutz, 1909, quoted in Zeitschrift für angewandte Chemie 22 (1909), 1667.

74) Ibid., p.72.

념으로 삼고 있는 '기술진보' 기준과 상통한다고 하겠다.

한편, 1921년 지멘스사의 특허부서 이사 피셔(Ludwig Fischer)는 논란이 많은 '기업발명(Company Inventions)'이라는 책을 발간하여 고용주들의 입장을 대변했다.[75] 피셔는 발명을 '자연의 힘을 목적에 종속시키는 것'으로 정의하였다. 피셔에 따르면 발명의 장애 또는 실제 과정을 극복하기 위한 가장 중요한 수단은 '전적으로 평균적인 재능을 가진 전문 기술자'가 접근할 수 있는 일종의 과학 기술 훈련, 경험, 체계적인 활동 및 합리적인 계획이다. 그는 여기에 해당하는 발명이 20~30년 동안 이루어진 수많은 발명 중 99%를 차지한다고 보았다.

당시 미국에서 널리 적용되었던 그 분야 통상자에게 자명한 발명에 대해서는 특허를 주지 말아야 한다는 '비자명성' 법리를 적용한다면, 피셔가 말한 발명은 특허를 받지 못하게 된다.

이와 같은 기업체 연구 환경에서 '예측할 수 있는 발명'에 대해 특허를 거부한다면 기업이 특허를 받기가 매우 어려운 상황에 놓이게 된다는 것을 알 수 있다. 따라서 만약 이미 확고한 위치를 점유한 기업과 기업인들이 독일 특허법 제정이나 운영에 영향을 미친다면, 점진적 기술혁신에 적합한 진보성 기준의 채택을 강제할 것이다. 19세기 독일 특허실무에서 실제로 이러한 현상이 벌어지게 된다. 뒤스베르그와 피셔의 특허요건에 대한 생각은 독일이 미국의 비자명성 법리를 의도적으로 배제하고 독일 고유의 '기술진보' 법리를 채택한 이유를 설명해 주고 있다고 하겠다. 후술하는 바와 같이 이러한 산업계의 입장은 1886년 특허법 개정위원회에 영향을 주게 되며, 상당기간 동안 독일에서 '기술진보' 개념이 지배하게 되는 계기가 된다.

결론적으로 19세기 말 산업혁명 시기의 독일은 개인적인 연구보다

75) Ibid.

산업체연구실의 집단 연구가 중요하게 된 당시 상황에서 특허받을 자격이 있는 발명을 정하는 기준도 개인의 '독창적인 발명'에 초점을 맞추기보다는 대규모 관료적 기업에서 나오는 '점진적 혁신'에 초점을 맞추게 되었다고 할 수 있다.[76] 1890년대에 특허청과 법원에서 '기술진보(technical advance)', '새로운 기술적 효과(new technical effects)', '실용적 가치(utilitarian value)'와 같은 진보성 개념이 점차 중요한 법리로 발전하게 되며, 1892년 법원은 '기술진보'라는 기준을 채택하게 된다.[77]

---

76) 다음 논문은 1877년 독일 특허법이 대규모 투자가 필요한 전기 및 화학산업을 지원하고자 하는 목적에서 만들어졌으며 이는 진보성 개념이 질적인 기준이 아닌 양적 기준을 채택한 것과 관련이 있다고 기술하고 있다. "Within a few decades, corporate capitalism had come to characterize large parts of the economic and industrial landscape. Electric, chemical and engineering firms, that required enormous capital investments, were turning Germany into the powerhouse of Europe. And the RPatG (1877) was aimed specifically at further facilitating and expediting this process. So it must certainly be admitted that Germany's first patent law did not fail to capture the economic zeitgeist. This makes the quantitative approach towards inventiveness an understandable choice. Patent law was not primarily concerned with personal ingenuity or 'mental labour', but rather with incremental innovation coming out of large, bureaucratic firms －that is, with conservative inventions that merely 'contribute to the growth of existing technological systems, which are presided over by, systematically linked to, and financially supported by larger entities' as the American historian of technology Thomas Hughes described them." L.W.P. pessers, op. cit., pp.164-6.

77) Ibid., p.166. "When we go back to the German situation by the end of the 19th century, we see that the ascent of requirements that are characteristic of the quantitative tradition, such as 'technical advance', 'new technical effects' and 'utilitarian value' continued in the 1890s. In 1892 the Reichsgericht(Reichsgericht decision of 9 February 1903, Patentblatt 1903, 279) ruled, again in the context of a new application, that 'a technical advance with regard to the prior art' had to be attained in order to qualify as an invention. And about a decade later, this requirement of 'technical advance' was explicitly declared the applicable standard."

제 5 장

점진적 기술혁신에 적합한 진보성 개념의 형성

1. 독일 특허법상 진보성 관련 규정
2. '기술효과(technischen Effekts)' 개념의 등장과 퇴장
3. '기술진보(technischer Fortschritt)' 개념의 의미
4. '기술진보(technischer Fortschritt)' 개념의 형성: 특허법 개정위원회(1886년)
5. 독일 특허청 및 법원의 '기술진보' 개념 도입

점진적 기술혁신에 적합한 진보성 개념의 형성

1. 독일 특허법상 진보성 관련 규정

1871년 독일 통일이 이루어지기 전 독일 영토에서 다양한 특허법 관련 법규가 시행되었다. 예컨대, 남쪽 지역의 중간 규모의 독일 국가 중의 하나 바덴(the Grand Duchy of Baden)은 19세기 초까지 거의 특허가 주어지지 않았고, 당시 특허는 새로운 발명을 보호하는데 사용되는 특허라기보다는 일반적 독점권인 특권이었다.[1] 바덴의 특허 정책은 1827년 내무부가 '특허는 발명에 국한하여 주어져야 한다'고 선언하면서 크게 바뀌게 된다.[2] 또한, 기술위원회가 모든 발명에 대하여 '신규성', '중요성', '유용성'을 심사하도록 하였다.[3] 내무부는 기술위원회의 보고를 토대로 특허권 부여 여부를 결정했다. 1790년과 1836년 미국 특허법도 '중요성'을 특허요건으로 요구하고 있었으며, 1791년 프랑스

1) Alexander Donges, op. cit., p.184.
2) Ibid., p.185.
3) Ibid., 주19. Report of the Ministry of Interior to the State Ministry, 21 Dec. 1827, cited in Fischer, Staat, p.85.

특허법과 1793년 미국 특허법은 '사소한 변화'에 대해서는 특허를 부여하지 않도록 규정하고 있었다.

이에 비하여 1877년 독일 특허법은 '상업적 이용(gewerbliche Verwerthung)'이 가능한 '새로운 발명(neue Erfindungen)'에 대해서 특허가 부여된다고 규정하고 있으며, 발명의 정의나 진보성 관련 요건을 담고 있지 않다.[4] 그러나 이것이 추가 기준이 존재하지 않는다는 것을 의미하지는 않는데, 입법사 특허 제국 국회의 토론에 따르면 '발명'이라는 용어의 정의는 법으로 주어지기보다는 학문적, 사법적 정교함에 맡겨지는 것이 더 낫기 때문에 의도적으로 생략되었다.[5] 특허청은 특허 가치가 있는 발명인지 여부를 가리기 위한 명확한 방향은 없었지만 처음부터 심사 관행을 강화했다.[6]

2. '기술효과(technischen Effekts)' 개념의 등장과 퇴장

1877년 특허법이 제정된 직후인 1880년대 초부터 많은 판례들이 기술혁신이 특허를 받기 위해서는 '기술효과(technischen Effekts)'를 가져야 한다고 판단했다.[7] '기술성공(technischer Erfolg)' 또는 '기술장점(technischer Vorteil)'으로도 언급되는 '기술효과'라는 개념은 더욱 중요하게 되었다. '기술효과'라는 기준은 기술적 목적이 발명에 의해 이전

---

4) 1877년 독일 특허법 제1조. "Patente werden ertheilt für neue Erfindungen, welche eine gewerbliche Verwerthung gestatten. Ausgenommen sind: …."

5) L.W.P. Pessers, supran note 13, p.161. 주569. Stenographische Berichte über die Verhandlungen des deutschen Reichstages (1877) nr 8, 17 as quoted (in German) in D Müler, Zum Begriffe der Erfindungshöhe im Patent- und Gebrauchsmusterrecht, dissertation (Cologne 1968) 2.

6) Friedrich-Karl Beier, op. cit., p.317.

7) Rebekka Übler, op. cit., p.54. 주190. RG v. 23. Oktober 1880, in: PBl. 1881, S. 37 ff (38): RG v. 12. Mai 1883, in: PBl. 1883, S. 227 f(228); RG v. 8. Januar 1890. in: PBl. 1890, S. 49 ff (50 f).]

보다 더 쉽고, 빠르고, 값싸게 달성될 수 있다는 것으로 이해되었다.[8)] 그러나 여기서 '기술효과'라는 개념은 기술적 진보(technische Aufgabe)에 제한되는 것이 아니라, 경제적 측면까지 포함하고 있었다.[9)]

화학자 칼 뒤스베르그(Duisberg)는 회고록에서 자신의 1885년 특허출원과 관련하여 설명하면서 당시 특허청은 발명의 특허요건으로 '기술효과(technical effect)'를 증명하기를 요구했다고 말하고 있다.[10)]

한편, 1890년 1월 8일 판례는 진보성 개념과 관련해서 '발명적 사고(inventive thought)'를 필요로 하거나, 또는 '새로운 기술적 효과(new technical effects)'를 가져오는 경우 발명으로 인정받아 특허를 받을 수 있다고 판단하였다.[11)] 여기서 발명성의 기준으로 '기술효과'와 함께 '발명적 사고(an inventive thought)'라는 오늘날의 비자명성 기준과 관련된 요소도 동시에 제시하고 있다는 점이 흥미롭다. 현대 독일학자(Beier)는 이 판결이 발명단계(inventive step)나 기술진보(technical advance) 가운데 하나만을 요구한다고 보고 있다.[12)] 그는 기술효과와 기술진보를 같은 개념으로 파악하고 있다. 이 판례는 19세기 말이라는 시점에 영미법상의 '비자명성' 기준과 독일 특유의 '기술효과' 내지 '기술진보' 기준이 혼재되어 나타나고 있음을 보여주고 있다.

1880년대 말에 가면 기술효과 대신에 '진보(Fortschritt)'라는 개념이 떠오르게 된다.[13)] 1906년 발간된 서적에서 독일은 전통적으로 단순한

---

8) Ibid., 주191. Robolski, Theorie u. Praxis, S.11.

9) Ibid., 주192. Robolski, Theorie u. Praxis, S. 11.

10) Peter J. Gaylor · L. F. Marx, op. cit., p.349.

11) Friedrich-Karl Beier, op. cit., p.320. 주53. Reichsgericht decision of January 8, 1890, 1890 PBl. 49, 51 - Verfahren zur Herstellung von Walzdraht. if the application would have faced special difficulties requiring an inventive thought to surmount them, or if the known means appeared to be a qualitatively new means with new technical effects.

12) Ibid., 주53. Reichsgericht decision of January 8, 1890, 1890 PBl. 49, 51-Verfahren zur Herstellung von Walzdraht.

개량과 발명을 구분하는 기준으로 '새로운 기술효과'가 있는지 여부를 판단해 왔다고 기술하고 있다.[14] 그러나 1911년 발간된 법률서적(Isay)은 '새로운 기술효과' 기준이 '상당한 기술적 진보' 기준으로 변화되었다고 기술하고 있으며, 이 책의 1920년 개정판에서는 아예 '기술효과'라는 용어 자체가 사라졌다.

19세기 말인 1890년대 독일에서는 '기술진보', '새로운 기술적 효과'와 같은 양적 기준 요건이 계속 상승하고 있다는[15] 평가가 있다. 또한 당시 법원(Reichsgericht)은 다양한 기준을 적용했으며, 결국 '상당한 기술진보' 기준을 채택하게 된다는[16] 견해가 있다.

3. '기술진보(technischer Fortschritt)' 개념의 의미

독일 특허법상 '기술진보'라는 개념은 '기술의 가치'를 중심에 둔다는 점에서 독일에서 이전에 사용되었던 '기술효과'와 한때 미국에서 사용되었던 '새로운 결과'라는 개념과 밀접한 관계를 가진다.

기술진보 개념은 독일 특허법에 깊이 뿌리박힌 개념에 기초하고 있

13) Rebekka Übler, op. cit., p.54.

14) H.E. Potts (1), op. cit., p.631. "The old German view was that inventions could be distinguished from improvements by the existence of a 'new technical effect,' -Kent's Commentary, 1906, I. 50 and 108. But the recent developments have clearly diverged from the older doctrine. In Isay, Patentgesetz, 1911 (2nd Edition), (48), there is a reference to the new technical effect but it is stated that this is superseded by the criterion of 'considerable technical advance.' In Isay, 1920 (53), the reference to the new technical effect has disappeared and in Isay, 1926 (56), the heading 'Inventive Character' has been replaced by 'Inventive Level.' Seligsohn, 1920 (25), also refers to the considerable technical advance and points out that the old conception of surprise as an element of invention is obsolete."

15) L.W.P. Pessers, op. cit., p.166.

16) H.E. Potts (2), op. cit., p.118.

는데, 발명가는 사회의 선(good)에 대한 그의 기여에 대해 정당한 보상을 받아야 한다는 것이다.[17] 발명을 통해 기술이 풍부해진 정도와 동등한 보상을 주는 것이다.[18]

1960년에 발표된 논문에 따르면, 독일에서의 기술진보라는 기준은 선행 기술에 대한 장점이라는 맥락에서의 기술의 풍부함과 관련된다.[19] 기술진보는 기술을 발전시키거나 풍부하게 해야 하며, 성능, 품질 등의 개선 없이 기술 구조나 과정을 추가하는 것으로만 이루어지는 것이 아니다.[20] 문제가 처음 해결되거나 알려진 해결책에 비해 더 나은 해결책이 발견될 경우 기술진보가 존재한다.[21]

4. '기술진보(technischer Fortschritt)' 개념의 형성: 특허법 개정위원회(1886년)

1886년 독일에서는 1877년 제정된 특허법의 문제점을 개선하기 위한 특허법 개정위원회(Enquetekommission zur Revision des Patentgesetzes)가 만들어져 활동하고 있었고,[22] 중요 의제 중의 하나가 발명성, 즉 진보

---

17) Wolfgang G. Fasse, Basic Patentability Requirements in the United States and Germany, Journal of the Patent Office Society, vol.44 no.1, 1962, p.34.

18) Ibid.

19) Paul B. West, The German analogy process doctrine, Journal of the Patent Office Society, vol.42 no.9, 1960, p.623.

20) Wolfgang G. Fasse, p.33 ."A known problem" is here distinguished from a problem which in itself might be new. useful, inventive and art-advancing since in very rare occasions a problem of the latter type may be patentable in Germany if solutions to such new problems are immediately obvious to those skilled in the art once the problem has been disclosed. Problem claims in German patents afford the widest scope of protection since they cover all obvious solutions. however, they are very seldom granted since solutions to a new problem are seldom obvious. See (12) supra at 14. 15.

21) Ibid., 주27. R.G.21.2. 1941. Mit. 1941, 151.

성 기준이었다. 따라서 이때의 논의 과정을 살펴보면 독일 특허법 제정 당시의 초기 상황 또는 19세기 말 독일에서의 발명성 관련 상황을 깊이 있게 들여다볼 수 있다는 점에서 의미가 있다고 하겠다.

한편, 미국에서는 1880년과 1883년 사이에 '새로운 결과'라는 기술적(양적) 기준이 아닌 '비자명성'이라는 인적(질적) 기준을 적용하는 세 건의 연방대법원 판례가 등장하면서 '비자명성' 개념이 확고하게 뿌리를 내리게 된다.[23] 당시 상당수의 독일인이 미국에 특허를 내고 있었고, 에디슨과 같은 미국인도 독일에 특허를 내고 있었다. 1883년 독일 기업은 미국에서 영국기업에 비해 절반 정도의 특허권을 받았는데, 1913년에는 미국 내 외국특허의 34%를 차지하게 되고 영국기업은 23%로 떨어지게 된다.[24] 이러한 특허교류가 활발히 전개된 상황에서 미국의 법조계의 움직임을 독일도 잘 인지하고 있었다.

이 시기는 이미 미국에서는 비자명성 개념이 받아들어지고 있던 시기였다는 점에서 독일은 미국식 '비자명성' 기준을 도입하느냐 아니면 독일 고유의 진보성 기준을 구축하느냐의 기로에 놓이게 된다.

1886년 만들어진 특허법 개정 위원회는[25] 7명으로 구성되었고, 산하에 공무원, 법조계, 과학계, 산업계, 정치계의 특허전문가 33명으로 구성된 전문위원회를 만들었다.[26] 위원회와 전문위원회 구성원들은 1886년 11월 22일부터 27일까지 당시 특허청장(Gustav Stüve) 주재 하

22) H.E. Potts (2), op. cit., p.117.

23) 윤권순 (3), 미국 특허법상 비자명성 개념의 역사적 기원, 법학논집, 제26권 제3호, 2022, p.76.

24) O. Keck, The national system for technical innovation in Germany, Nelson, R. R., ed., National Innovation Systems: A Comparative Analysis, Oxford University Press, 1993, p.130.

25) Rebekka Übler, op. cit., pp.63-64.; Enquetekommission zur Revision des Patentgesetzes, L.W.P. Pessers, op. cit., p.162. 주575. The so-called Enquêtekommission zur Revision des Patentsgesetzes (1886).

26) Ibid., pp.63-64.

에 '발명의 정의' 등 다양한 주제에 대해 논의하였다. 1887년 발간된 회의록은[27] 관련 학자들 간에 널리 인용되고 있다.[28] 이 가운데 발명의 정의와 관련된 중요한 내용을 소개하면 다음과 같다.

동 보고서에 따르면, 당시 특허청 결정과 법원 판결에서 신규성 및 산업상 이용가능성 이외에도 '평균 산업계의 능력을 넘어서는 지적 활동의 결과물(the result of an intellectual activity)'이라는 추가 요건을 요구하고 있고, 따라서 사건 별로 '발명(invention)'이 존재하고 있는지를 판단해야 한다고 산업계는 개탄하고 있다.[29]

이러한 진술은 다음과 같은 두 가지 면에서 흥미롭다고 하겠다. 첫째는, 1870년대부터 1880년대까지 이러한 기준을 적용한 판례가 존재하지 않는다는 비판이 있다는 점이다.[30] 둘째는 여기서 제시된 요건이 당시 미국의 일부 판례에서 적용하고 있던 '통상의 지식을 가진 자에게 자명하지 않을 것'이라는 발명 독트린과 매우 유사한 표현을 사용하고 있다는 점이다. 이 표현이 바로 미국의 비자명성 요건이나 후술하게 될 발명단계(inventive step)를 의미한다고 보는 학자도 있다.

산업계가 묘사한 기준은 '점진적 기술혁신'이 아니라 '비약적 기술혁신'에 적합한 진보성 개념이라고 할 수 있다. 산업계의 입장에서는

27) Ibid., p.369. Stenographische Berichte über die Verhandlungen der Enquete in Betreff der Revision des Patentgesetzes vom 25. Mai 1877. Berlin 1887. (Zit.: Enquete).; Friedrich-Karl Beier, op. cit., p.318. 주50. Stenographic reports on the negotiations of the Investigation Commission with respect to the revision of the Patent Law of May 22, 1887, Berlin 1887.; L.W.P. Pessers, op. cit., p.162. 주576. Berichte der Enquêetekommission zur Revision des Patentsgesetzes (Berlin) as quoted (in German) in Müuller, Zum Begriffe der Erfindungshöhe (1968) 3.

28) 진보성 관련 개념을 다루는 책과 논문에서 당시의 논쟁을 자세히 분석하고 있으며, 예를 들어 Rebekka Übler, L.W.P. Pessers의 책과 Friedrich-Karl Beier 논문 등은 이를 비중 있게 다루고 있다.

29) Friedrich-Karl Beier, op. cit., p.318.

30) Ibid.

1877년 특허법에 명시되어 있지도 않고, 산업체 연구실의 집단 연구에서 나오는 점진적 기술혁신이 보호받지 못하는 이러한 기준을 받아들이기는 어려웠을 것으로 보이며, 동 위원회에서 이 기준에 반대하고 있다. 이 기준은 산업계 대표로부터 혹평을 받게 된다.[31)]

이 기준에 대해 산업계, 특허청, 법원의 전문가들은 이러한 기준이 주관적이라는 면에서 불확실성이 높은 기준이며, 따라서 받아들여서는 안 된다고 비판하고 있다. 또한 기술진보를 기준으로 삼아야 한다고 주장하였다. 예컨대, 기계 제조업자(Becker)는 이는 매우 불명확한 용어이며 특허청이나 인간이 판단할 수 있는 일이 아니라고 비판했다.[32)] 라이프치히 대법원 판사이자 그 당시 가장 잘 알려진 특허법 전문가(Bolze)는 이 기준을 적용할 때 큰 오류가 발생할 수 있으므로, 특허성에 대한 결정이 산업의 발전을 구성하는 중요한 혁신이 존재하는지 여부에 따라 이루어져야 한다고 하였다. 특허청의 주요 인물(Hartig) 역시 이러한 방향으로 기울었으며, 발명의 경제적 중요성보다는 기술적 중요성과 발명이 추가적인 효과로 인해 선행기술에서 벗어났는지 여부를 강조하고 싶어 했다.[33)] 또한 산업계 대표들은 사소한 발명이라도 공개된 후에 기업들이 혁신할 수 있는 소중한 동기를 부여하기 때문에 경제적 측면에서 볼 때 대단치 않은 발명에게도 특허를 부여하는 것은 문제가 되지 않는다고 주장하였다.[34)] 이는 기술진보라는 개념과 이어지는 주장이라고 하겠다.

한편, 법조계 다수 전문가들은 특허를 받기 위해서는 높은 발명기준(inventive standard)을 가져야 한다고 주장하였다.[35)] 특허청이 쉽게

31) Ibid.

32) Ibid.

33) Friedrich-Karl Beier, op. cit., p.318.

34) Rebekka Übler, op. cit., p.66. 주261. Kollmann, in: Enquete, S. 17. 33: Stewas, int Enquete, S. 27. Kapten, in: Enque

특허를 부여하면 사소한 기술혁신에 부당한 독점권을 주게 되고 산업 발전에 저해되는 위험을 염려하였다. 이와 관련하여 낮은 수준의 발명, 즉 실용신안(utility model)에 대한 별도의 보호가 필요하다는 논의가 제기되었으며, 이는 1891년 개정 특허법에 반영됨으로써, 특허요건을 낮게 가져가야 한다는 부담감이 적어지게 되었다.[36)]

참석자 가운데 변호사들은 발명의 정의를 내리는 경우에 특허청이 유연하게 판단할 수 있는 재량권이 줄어든다는 문제점이 있다고 지적했다.[37)] 그러나 발명의 정의에 대한 다섯 가지 제안이 제출되었다. 결국 단일한 정의를 하는 것은 부적절하다는 견해가 우세해서, 찬성 259 대 반대 8로 부결되었다. 위원회는 특허 가능한 발명에 대한 법적 정의를 시도하지 않고 이전과 같이 특허청과 법원의 관행에 두기로 결정했다.[38)]

이와 같이, 위원회 회의에서 미국식 '비자명성' 기준은 주관적이라는 이유로 대다수의 참석자에 의해 거부되었고, 산업계는 점진적인 기술혁신도 특허를 받을 수 있어야 한다고 주장하면서 '기술진보'라는 기준을 제시하였다. 1877년 특허법 제정 과정에서 드러난 것과 같이 당시 산업계의 영향력이 매우 컸으며, 동 위원회 이후 특허실무에서 기술진보 기준이 널리 채택되었다는 점에서 동 위원회의 회의가 기술진보 기준 채택에 결정적인 기여를 한 것으로 판단된다.

---

35) Ibid., 주261. Kollmann, in: Enquete, S. 17. 33: Stewas, int Enquete, S. 27. Kapten, in: Enque

36) Friedrich-Karl Beier, op. cit., p.319.

37) Rebekka Übler, op. cit., p.65.

38) Friedrich-Karl Beier, op. cit., p.318.

5. 독일 특허청 및 법원의 '기술진보' 개념 도입

1886년 열린 특허법 개정 위원회 논의에서 '기술효과' 대신에 '기술진보' 기준이 주목을 받게 된 이후 실무에서 후자를 기준으로 삼는 경향이 나타나게 되었다.

(1) 미국 연방대법원 판례의 동향(1880년대)

1880년 미국 연방대법원은 비자명성 법리를 본격적으로 적용하기 시작했고,[39] 특히 1883년 판례는 이를 정당화하는 논리를 제공하게 된다.[40]

1883년 판례는 '일반적인 노동자가 일상적으로 만들어 낼 수 있는 일상적인 기술진보'에 대해서는 독점권을 부여해는 안 된다고 판단하고 있다.[41]: "특허법의 설계는 상당한 발견이나 발명을 한 사람에게 보상을 하는 것인데, 이는 우리의 지식을 증가시키고 유용한 기술에서 한 단계 앞서 나가게 하는 것(makes a step in advance in the useful arts)이어야 한다. … 모든 사소한 장치, 아이디어의 그림자 하나하나에 대해 독점권을 부여하는 것은 결코 법률의 목적이 아니며, 이는 제조의 일반적인 진보 과정(in the ordinary progress of manufactures)에서 숙

39) 이하 다음 자료를 인용함. 윤권순 (3), op. cit., p.67. Pearce v. Mulford, 102 U.S.112, 118 (1880). "But all improvement is not invention, and entitled to protection as such. Thus to entitle it, it must be the product of some exercise of the inventive faculties, and it must involve something more than <u>what is obvious to persons skilled in the art</u> to which it relates. In this case neither the tubing, nor the open spiral link formed of tubing, nor the process of making either the open or the closed link, nor the junction of closed and open spiral links in a chain, was invented by the patentee. We are, therefore, constrained to hold that the first claim of the patent, even if <u>not void for want of novelty</u>, is void <u>for want of patentability."</u>

40) Atlantic Works v. Brady, 107 U.S. 192 (1883).

41) Atlantic Works v. Brady, 107 U.S. 192, 200 (1883).

련된 기계공 … 에게 자생적으로 일어날 것이다." 또한 통상의 기술자의 기술에 의한 발전은 자연스러운 것이고 이러한 사소한 진보에 독점권을 주는 것은 원칙적으로 정의롭지 못하며 그 결과도 유해하다고 판단하고 있다.[42] '통상적 기술자의 기술을 능가하는, 발명의 투입'에 대해서만 독점권을 주어야 한다는 것이다. 이와 같이 미국 연방대법원은 '자연발생적인 기술진보'와 '도약적 기술진보'를 구분하고 후자에 대해서만 독점권을 부여해야 한다고 보고 있다.

이러한 미국 연방대법원 판례는 독일 특허청과 법원에 전해지게 되나, 아래에서 보는 바와 같이 이러한 논리를 처음에는 부정하는 시기를 거치게 된다.

(2) 독일 특허청

특허청은 법원에 앞서서 '기술진보'라는 용어와 법리를 특허청 개정위원회 보고서가 발간된 지 일 년 후에 도입하게 된다.

1888년 10월 특허청은 '기술진보(technischen Fortschritt)'라는 기준을 분명하게 사용하였으며, 진보를 결정하는데 있어서 경제적인 측면도 고려하였다.[43] 특허청은 새로운 방법이 경제적 필요를 충족시킬 수 있는 새로운 유용한 수단을 제공하여 알려진 성공을 달성한다면, 필요한 진전을 충분히 의미한다고 보았다.[44] 또한 법원과 특허청은 '기술효과(technischen Effekts)'와 '진보(Fortschritts)'를 동의어로 보았다.[45] 따라서 이러한 용어의 전환으로 인해 변화를 가져온 것은 아니라고 하겠다.

---

42) 위의 판례, 199-200면.

43) Rebekka Übler, op. cit., p.54. 주196. PA v. 11. Oktober 1888, in: PBl. 1889, S. 313 ff (315),

44) Ibid., 주197. PA V. 11. Oktober 1888, in: PBl. 1889. S. 313 ff (315).

45) Ibid., 주195. Siehe Hausding, in: Glasers Annalen 1899, S. 213. sav. PatG. 1. Aufl., §1 PatG Rn. 75; Schmid, Schutz des gewerblichen Eigentums, S. 123.

'진보(Fortschritt)'라는 개념은 빠르게 기술혁신의 특허적격성에서 중요한 위치를 차지하게 되었다.[46)]

이어서, 1889년 12월 12일 특허청 결정은 선행기술에서 조금만 벗어난 경우에는 신규성과 산업상 이용가능성 외에 출원된 혁신이 기술진보를 가져오는 기술적 효과를 유발할 것을 요구하였다.[47)] 이 특허청 결정 내용은 다음과 같다.[48)] "혁신의 '발명적 성격'을 판단할 때, 혁신이 특히 '어려운 정신적 작업'을 요구하거나, 혁신의 적용이 '기술이 자연적으로 발전'하는 방향과 멀리 떨어져 있다는 것에 강조점을 두어서는 안 된다. 결정적인 것은 지금까지의 기술 혁신에 비해 훨씬 더 높은 수준의 '기술적 성공'이다. 알려진 것부터 새로운 것까지의 단계적 규모만 중요한 것이 아니라 경제적 목적을 위한 혁신의 실용적 가치도 동등하게 중요하다."[49)] '발명가'가 새로운 도구를 공급해 의식적으로 기술의 진보를 이뤄냈고, 그가 이 도구를 처음 발견해 실제로 사용했

---

46) Ibid., p.55.

47) Friedrich-Karl Beier, op. cit., p.319.

48) Ibid., 주51. See Patent Office decision of December 12, 1891, 1891 Pbl. 545-Pneumatisches Mälzverfahren; Patent Office decision of December 12, 1889, 1891 PBl. 63-Darranlage für Zichorienwurzeln. [In a decision of December 12, 1889 it was held: In judging the inventive character of an innovation the main emphasis is by no means to be put on the fact, that it requires particularly difficult mental work, or that its application is remote from the path which the technology takes in its natural development. Decisive is to a much higher degree the technical success achieved by the innovation as compared to what has been done heretofore. Not the size of the step from the known to the novel is of predominant significance but the utilitarian value of the innovation for economic purposes is of equal importance. (It was said to be sufficient that the "inventor" had created an advance in the art in a conscious way by supplying the art with a new tool, and that he was the first who found this tool and used it in practice.)]

49) Ibid., 주52. 1891 PBl. 65.

다는 사실만으로도 충분하다고 판단하였다.[50)]

이 독일 특허청의 결정은 '숙련된 기계공 … 에게 자연스럽게 또한 자생적으로 일어날 것(naturally and spontaneously occur to)'을 보호하지 말아야 한다는 1883년 미국 연방대법원 판례(Atlantic Works v. Brady, 107 U.S. 192, 200 (1883))의 문구와 유사한 문구를 사용하여 이러한 논리를 정면으로 부정하고 있다. 즉 미국식 비자명성 법리를 배격하고 기술중심의 진보성 개념인 '기술진보' 개념을 적용하고 있다. 발명과정의 어려움이 아니라 발명의 결과(즉, 기술적 효과)에 초점을 두어야 하며, 자연적 기술의 발전이라고 해도 무관하다고 판단하였다.

이 결정에 대해 '단계의 크기(size of the step)'의 중요성을 과대평가하지 않고, 선행기술과 비교한 발명의 기여를 살펴본 양적(the quantitative) 전통에 기반한 접근으로서, 업계로부터 환영을 받았을 것이라는 견해도 있다.[51)]

특허청은 1915년 3월 결정에서 '문제의 혁신의 기초에 어떤 종류의 영감이나 경험이 놓여 있는지, 혁신 자체가 명백한지 여부는 전혀 중요하지 않다'고 언급했다.[52)] 일 년 후인 1916년 특허청은 '기술진보 만이 적합한 기준으로 기능할 수 있다'고 언급함으로써 이러한 견해를 재확인했다.[53)] 이와 같이 독일 특허청은 미국과는 달리 너무 주관적이

50) Ibid., p.320.

51) L.W.P. Pessers, op. cit., p.163. 주582. Patent Office decision of 12 December 1889 - Darranlage fü Zichorienwurzeln, Patentblatt 1891, 63, 65.

52) Ibid., p.198. 주746. Patent Office decision of 27 March 1915, Patentblatt 1915, 246. Quote (in German) derived from Slopek, Die Ökonomie der Erfindungshöhe (2012) 96. See also Pagenberg, Die Bedeutung der Erfindungshöhe (1975) 126. In a decision of 27 March 1915 it remarked that 'it is completely devoid of importance what kind of inspiration or experience lay at the basis of the innovation in question and whether the innovation itself was obvious or not.'

53) Ibid., 주747. Patent Office decision of 25 January 1916, GRUR 1916, 59.

고 심리적인 '자명성(obviousness)'이라는 기준을 무시했고, 대신 단순할 뿐만 아니라 의미(a significant)있거나 중요한 진보(important advance)를 특허요건으로 채택하게 된다.[54)]

(3) 독일 법원

1889년 법원(Reichsgericht)은 독일 특허법 관점에서 발명이 반드시 '기술진보(technischer Fortschritt)'를 수반해야 한다고 판단하였다.[55)] '기술 산업 분야에서 진전을 이룬 경우에만 특허법의 관점에서 발명의 자격을 가질 수 있다'는 결정이 내려졌다.[56)] 1892년 법원은 다시 발명으로 인정받기 위해서는 '선행 기술에 대한 기술적 진보(technischer Fortschritt)'가 달성되어야 한다고 판단했다.[57)]

20세기 초 법원(1900, 1902, 1903)은 발명적 성격(inventive character)을 판단하는 데 있어서 발명의 자명성(obviousness)이 아니라 발명으로 얻을 수 있는 성공이 중요하다는 점을 강조함으로써 독일 특허청의 '기술진보' 기준 관행을 승인했다.[58)] 1903년에는 선행기술에 대한 '기술진보' 요건이 적용 가능한 기준으로 명시적으로 선언되었다.[59)]

---

stating that only 'technical advance' can function as a suitable standard.

54) Friedrich-Karl Beier, op. cit., p.320. 주54. 54 See Patent Office decision of March 27, 1915, 1915 Bl. f. PMZ 246; Patent Office decision of January 25, 18416, GRUR 1916 59. See also Patent Office decision of September 24, 1913, 1913 Bl. f. PMZ 297.

55) L.W.P. Pessers, op. cit., p.163.

56) Ibid., 주581. 'Eine solche Combination darf aber nur dann als Erfindung im Sinne des Patentgesetzes gelten, wenn dadurch auf technisch gewerblichem Gebiete ein Fortschritt erzielt wird.' Reichsgericht decision of 9 December 1889, Patentblatt 1890, 197, 198. See also Slopek, Die Ökonomie der Erfindungshöhe (2012) 92.

57) Ibid., p.166.

58) Friedrich-Karl Beier, op. cit., p.320. 주55. See Reichsgericht decision in 1900 Bl. f. PMZ 305; 1902 Bl. f. PMZ, 23; 1903 Bl. f. PMZ. 224.

59) L.W.P. Pessers, op. cit., p.166. 주592. Reichsgericht decision of 9 February

1877년 특허법이 제정된 후 처음 수십 년 동안 진보성과 관련된 다양한 기준이 마련되었으며, 결국 그 중에서도 상대적으로 까다롭지 않은 '기술진보(technischer Fortschritt)' 기준이 선호되었다는 견해가 있다.[60)]

1903, Patentblatt 1903, 279.

60) Ibid., p.197. 주741. See Reichsgericht decision of 9 February 1903, Patentblatt 1903, 279.

제 6 장

독일에서의 비약적 기술혁신에 적합한 진보성 개념의 등장

1. '발명높이(Erfindungshöhe)'라는 개념의 의미
2. '발명높이(Erfindungshöhe)'라는 용어의 창작

독일에서의 비약적 기술혁신에 적합한 진보성 개념의 등장

독일에서의 진보성 관련 개념은 기술을 중심으로 한 '기술진보' 개념과 발명 또는 발명가를 중심으로 한 '발명높이' 개념으로 크게 구분할 수 있다. 기술진보 개념은 대기업 산업연구소의 결과물과 관련한 점진적 기술혁신을 수용하는 방식으로 작동하여 왔으며, 이제 설명하고자 하는 '발명높이' 개념은 일정한 임계점을 넘어야 하는, 즉 비약적 기술혁신에 적합한 개념이라고 할 수 있다.

앞서 언급한 바와 같이 1891년 판례에서 기술중심이 아닌 발명중심의 개념인 'inventive thought'라는 요건이 이미 나타났다는 점은 주목할 만하다.[1] '발명높이'라는 개념은 마침내 1906년 발표된 한 논문으로 촉발된다.

1) Rebekka Übler, op. cit., p.55. RG v. 10. Januar 1891, in PBl, 1891, S.65 ff(66).

1. '발명높이(Erfindungshöhe)'라는 개념의 의미

'Erfindungshöhe'라는 용어는 영어로 'inventive height'로[2] 번역되기도 하고, 'inventive level'이라고[3] 번역되기도 한다. 문언적 의미는 발명행위에 도약의 개념이 내재해 있다고 보고 일정한 문턱이 있다는 것을 나타내며, 일상적으로 저절로 나타날 수 있는 점진적 발전 내지 진보라는 것을 배제한다는 뉘앙스를 느낄 수 있다.

1929년 독일 법원의 판사(Eduard Pietzcker)는 발명높이 기준을 지지하였는데, 발명은 발명적인 독창성(inventive ingenuity)의 결과로서 노동자에게 명백한 것(obvious to a workman) 이상을 포함해야 한다고 주장했다.[4] 즉 질적으로 높은 수준이어야 하며 기술적 진보의 정도는 중요하지 않다고 하였다. 1958년 발간된 발명높이(Erfindungshöhe)의 개념에 대한 논문에서 판사(Heinz Winkler)는 'Erfindungshöhe'라는 개념을 발명의 특성과 관련짓고 있다.[5] 그는 발명의 특성을 논하면서, 정상적인 발전 과정과는 다른 것이 일어났다는 것과 관련을 짓고 있다.[6] 상당한 기술적 진보(technischen Fortschritt)라고 해서 발명이 되는

---

2) Wolfgang G. Fasse, op. cit., p.32.; L.W.P. Pessers, p.197.

3) Friedrich-Karl Beier, op. cit., p.321.

4) L.W.P. Pessers, op. cit., p.199. 주749. E Pietzcker, Patentgesetz und Gebrauchsmusterschutzgesetz (Walter de Gruyter, Berlin 1929) 54. There it was held that 'qualitatively [the invention] must be of a higher order than that which can be achieved by a workman. The degree of technical advance, if present at all, is of lesser importance. […] [The invention] must be the result of inventive ingenuity and must contain more than what is obvious to a workman.'.

5) Heinz Winkler, Zur Definition der Erfindungshöhe, GRUR, 1958, p.153. "Die landläufige Definition der Erfindungshöhe geht dahin, daß sie eine Leistung beinhaltet, die für den Durchschnittsfachmann nicht nahegelegen hat."

6) Ibid., Ich habe nun einmal versucht, die Erfindungen nicht ihrem Inhalt, sondern ihrer Entstehung nach in bestimmte, verschiedene Typen

것은 아니며, 특허를 받기 위해서 커다란 기술진보가 필요한 것은 아니라는 것이다.[7] 발명높이(Erfindungshöhe)는 정상적인 발전과 다르게 성과가 달성되어야지 만족된다고 한다.

이러한 맥락에서 'Erfindungshöhe'라는 용어는 미국의 비자명성 개념이나 영국의 발명단계 개념과 유사한 점이 있다고 하겠다.

1960년에 발표된 논문은 독일에서 발명높이라는 기준은 선행기술에 대한 자명성과 관련된다고 본다.[8] 1962년에 발표된 논문은 미국의 비자명성(non-obviousness)과 독일의 발명높이(inventive height)를 다른 용어지만 같은 개념이라고 기술하고 있다.[9] 또한 특허 실체법의 통일화를 위한 스트라스브르그 조약의 초안에 담긴 'inventive step'이라는 용어는 처음에는 'Erfindungshöhe'로 번역되었다. 이들 용어들은 기술이 아닌 발명(활동)에 집중하고 있으며, 일정한 문턱을 넘어야 한다는 점에서 공통적인 개념이라고 하겠다.

2. '발명높이(Erfindungshöhe)'라는 용어의 창작

1906년 특허변호사(Wirth)는 당시의 진보성 관련 개념에 대한 불확실한 상황을 다음과 같이 표현하고 있다.[10]: "발명의 가치가 물질적 영

---

einzuteilen, und bin dabei zu dem Ergebnis gekommen, daß ein nicht allein in der Neuheit und im Fortschritt beschlossenes Merkmal allen Typen gemeinsam ist, nämlich, daß eine Abweichung von der normalen Fortentwicklung stattgefunden hat. Lutter 9 bringt dies bei der Definition der Erfindung mit den Worten: "Zur Erfindung gehört, daß etwas Eigenartiges geschaffen wird, das außerhalb der bisherigen Bahnen liegt."

7) Heinz Winkler, op. cit., p.154.

8) Paul B. West, op. cit., p.623.

9) Wolfgang G. Fasse, op. cit., p.32.

10) Rebekka Übler, op. cit., p.85. 주26. Wirth, in: GRUR 1906, S. 58 "Worin der Wert [einer Erfindung] liegen soll, ob auf materiellem oder ideellem Gebiet, ob man dabei nur die fertige Erfindung zu betrachten hat, oder die

역에 있는지 또는 이상적 영역에 있는지; 단지 완성된 발명만을 고려해야 하는지 또는 발명가들의 활동(Tätigkeit der Erfinder)을 고려해야 하는지; 발명의 내용을 관찰해야 하는지, 또는 실용적 적용의 성공 여부를 관찰해야 하는지; 모든 발명을 평가할 수 있는 한 가지 관점이 있는지 아니면 가치 특성이 누적되거나 선택적으로 요구되어야 하는지; 다양한 견해가 공동적 기반이 있는지 또는 화해할 수 없는 원칙인지 등에 대한 의견이 다양하며, 표현과 용어가 불분명하다."

(1) '창조적 활동(schöpferischen Tätigkeit)' 개념의 등장

발명이 특허를 받기 위해서는 창조 활동(schöpferischen Tätigkeit) 또는 발명 활동(erfinderischen Tätigkeit)에 근거해야 한다고 많은 이들이 주장했다.[11)]

예를 들어 콜러(Kohler)는 1900년에 발간된 책자에서 'schöpferischen Thätigkeit', 'schöpferische Idee', 'Erfinderthätigkeit'라는 용어로 발명

Tätigkeit der Erfinder, ob der Gedankeninhalt der Erfindung zu beachten ist, oder die Erfolge ihrer praktischen Anwendung: ob es nur einen Gesichtspunkt gibt, nach welchen alle Erfindungen zu beurteilen sind oder mehrere, ob die Wertmerkmale kumulativ oder alternativ zu verlangen sind, ob die verschiedenen Anschauungen eine gemeinschaftliche Grundlage haben, oder Ausflüsse unversöhnbarer Prinzipiengegensätze sind, darüber herrschen die verschiedensten Ansichten und eine nicht unerhebliche Unklarheit der Ausdrucksweise und der Begriffe."

11) Ibid., 주69. Allfeld, Gewerbliches Urheberrecht, S. 3. 6; Kent, Path, $ 1 PatG Rn. 29; Kohler, Handbuch, S. 97; ähnlich auch Pauli, in: GRUR 1903. S. 298: Eine Erfindung liege dann vor, wenn sie auch seitens eines Fachmanns bei Kenntnis der Fachwissenschaft eine "besondere Intelligenz" erfordert hätte. Der Terminus "schöpferische Tätigkeit" hatte zwar schon vorher eine Rolle gespielt, weil Vertreter des Schrifttums damit verbalisierten, dass die Erfindung auf eigener geistiger Tätigkeit beruhen musste. Das - auch als Originalität oder Ursprünglichkeit - bezeichnete Erfordernis diente in der Literatur daher zur Abgrenzung von Erfindung und Entdeckung. Siehe Schanze, in: GRUR 1899, S. 13 f. 70

의 특허성을 설명하고 있다.[12] 그는 발명되기 전의 시점에서는 낯선 것으로 느끼지만, 발명된 후에는 별거 아닌 것처럼 여겨지기 때문에 특허청 심사관은 사후 관찰이 아닌 사전 관찰의 역량을 갖춘 역사가처럼 행동해야 한다고 주장하고 있다. 또한 완성된 발명이 쉽게 이해되면 마치 그 발명이 쉽게 이루어진 것이라고 생각하는 것이 인간의 본성이라고 첨언하고 있다. 발명으로 인정받기 위해서는 창조적 활동(schöpferischen Thätigkeit)이 일정하면 충분하다고 보았다.[13]

관련 문구를 인용하면 다음과 같다.[14] "특히, 특허 출원 당시의 지식, 경험과 함께 기술수준으로 되돌아가는 것은 매우 흥분되는 일이다. 발명의 심리학의 가장 중요한 원칙은 발명되지 않는 한 낯선 것이고 알려지지 않은 것으로 인식되지만, 발명된 것을 나중에 보면 보통 가볍고 당연한 것으로 보인다는 것이다. 진정한 역사가의 특성 중 하나는 이전의 시대로 되돌아가는 것이고, 우리 모두를 압도하는 현재를 추상화할 수 있다는 것이다. 심사기관은 기술자와 법률가의 역할뿐만 아니라 이전 상태로 전환하여 역사가로서의 역할을 수행할 필요가 있다. 심사기관의 경우 심사시기가 주로 발명의 시기와 상당히 가깝기 때문에 이렇게 하는 것이 어렵지 않지만, 특허적격성의 문제가 법원에서 나중에 제기되는 경우가 많은 국가들에서는 훨씬 더 어려워진다. … 인간 본성은 뒤로 물러나는 것이 거의 불가능한 것으로 보이며, 종종 완성된 발명의 쉬운 이해와 그 발명의 쉬운 출현을 혼동하지 않는 것은 불가능하다."

콜러의 진보성 관련 기술은 기존의 '기술진보' 개념과는 달리, 기술 그 자체가 가진 가치가 아니라 발명활동 또는 발명의 심리 그 자체를

12) Kohler, Handbuch des Patentrechts, 1900, S. 96., 97.
13) Ibid., S. 97.
14) Ibid., S. 96.

중심에 두는 개념으로 당시 미국 실무에게 채택되었던 '비자명성' 또는 '통상 기술자 이상의 재능 발휘'라는[15] 법리와 유사한 점이 있다.

(2) '발명높이(Erfindungshöhe)' 개념의 등장

1) 발명높이 용어의 기원

독일 실무에서 '발명높이'라는 용어와 개념이 도입된 것은 특허변호사 워스(Richard Wirth)가 1906년에 발표한 논문이[16] 결정적인 역할을 한 것으로 알려져 있다. 워스는 이 논문에서 처음으로 'Erfindungshöhe'라는 용어를 만들어냈다.[17]

워스가 스스로 자신이 콜러(Josef Kohler)를 따라 그 용어를 만들었다고 언급하였다는 주장도 있다.[18] 앞서 설명한 콜러의 'schöpferischen Thätigkeit'라는 개념에 워스가 영향을 받았을 가능성도 있어 보인다.

반면에 이 개념은 워스가 미국의 비자명성이라는 개념을 수입한 것이라는 견해도 있다.[19] 이는 이 논문이 발표된 1906년에는 이미 미국

15) Hotchkiss v. Greenwood, 52 U.S. 248, 267 (1850). "unless more ingenuity and skill in applying the old method of fastening the shank and the knob were required in the application of it to the clay or porcelain knob than were possessed by an ordinary mechanic acquainted with the business, there was an absence of that degree of skill and ingenuity which constitute essential elements of every invention."

16) 다음 논문을 말한다. Richard Wirth, Das Maß der Erfindungshöhe, Heymann, 1906.

17) Friedrich-Karl Beier, op. cit., p.321. He coined this term for the first time in his famous articles "Das Maß der Erfindungshöhe."

18) Rebekka Übler, op. cit., 주74. So die allgemeine Meinung. Statt vieler: Beier, in: GRUR 1985. S. 608. Wirth hatte aber wohl einmal erwähnt, dass er den Begriff "im Anschluß an Josef Kohler" geprägt habe, Wobsa, in: GRUR 1940, S. 173. Ebenso Ohlschlegel, in: GRUR 1964, S. 477. [That is the general opinion. Instead of many: Beier, in: GRUR 1985. p. 608. Wirth, however, had mentioned once that he coined the term "following Josef Kohler," Wobsa, in: GRUR 1940, S. 173.Also Ohlschlegel, in: GRUR 1964, S. 477.

에서 비자명성 기준이 실무에서 적용되었고, 당시 독일인이 미국에 특허를 활발하게 내었던 시기라는 점을 감안하면 개연성이 있는 주장이라고 하겠다. 그러나 워스는 '발명높이(Erfindungshöhe)'라는 용어를 처음으로 만들었다고 평가받고 있는 논문에서 이 개념이 필요한 이유를 독자적으로 제시하고 있다. 그 가운데 하나는 발명의 결과가 아니라 발명과정에서의 어려움을 특허요건으로 해야 기술혁신이 촉진된다는 것이다. 이는 미국의 비자명성 개념이 독점에 대한 경계심과 경쟁자의 자유를 확보해주기 위해서라는 배경을 가지고 있다는 점에서 개념 발생의 근거가 크게 다르다고 할 수 있다. 따라서 그가 단순히 미국의 개념을 그대로 도입했다고 보기는 어렵다고 판단된다.

2) 용어 창작자(Richard Wirth)의 설명

1906년 워스가 자신의 논문에서 'Erfindungshöhe' 용어를 언급한 부분을 인용하면 다음과 같다.[20] "(발명성에 관한) 이러한 모든 결정의 기초는 발명이 특정 경계를 넘어서는 특정 가치, 즉 특정 '높이'를 소유해야 한다는 점에서 동일하다. 단순한 신규성보다 더 특별하고 중요한(significant, important and substantive) 가치를 말한다. 이 독특한 특성은 '발명의 특성' 및 '특허 가치'라고 불린다. 나는 그것을 발명높이

---

19) Toshiko Takenaka, op. cit., p.238.

20) "The basis of all these decisions [regarding inventiveness] is uniform, in so far as they require that the invention possess a certain 'height', a certain value, that it go beyond a certain border, that it appear more special, significant, important and substantive than a mere novelty. This distinctive quality has been referred to as 'the character of the invention' and as 'patent-worthiness'. I would like to call it inventive height, though without wanting to exclude inventions that surpass the mark only by the narrowest margin. In a figurative sense, one could also speak of an invention threshold." L.W.P. Pessers, op. cit., p.197. 주742. R Wirth, 'Das Maß der Erfindungshöhe' (1906) GRUR 57.

(Erfindungshöhe)라고 부르고 싶지만, 가장 좁은 마진으로만 기준을 능가하는 발명을 배제하고 싶지는 않다. 비유적인 의미에서 발명임계 값을 말할 수도 있다.[21)]"

워스는 보호요건으로 기술진보가 점점 많이 사용되는 것에 대해 다음과 같은 관점에서 비판하고, 발명높이를 대안으로 제시하고 있다.[22)]

첫째, 특허제도의 존립 근거에 대한 이론에 기대어 설명하였다. 그는 진보라는 개념이 주요 위치를 차지하는 주된 이유로서 특허법의 이론적 기초에 대한 잘못된 이해에서 비롯된 것이라고 주장했다.[23)]: 특허법의 기술공개 이론이라는 맥락에서는 진보된 혁신으로 기술 수준을 풍요롭게 하는(der den Stand der Technik mit einer fortschrittlichen Neuerung bereichert) 발명에 대해서만 특허 보호를 해주어야 한다고 생각하기 쉽다. 그러나 소유권에 관한 이론(Eigentumstheorie)이[24)] 우선적으로 고려되어야 한다. 발명자가 창조(Schöpfungsakt)를 통해 발명의 지배권을 획득하기 때문에, 진보적인 결과(fortschrittliches Ergebnis)를 가져오든지 상관없이 모든 혁신 활동(Innovationstätigkeit)은 보호되어야 한다.[25)]

---

21) L.W.P. Pessers, op. cit., p.197. 주742. R Wirth, 'Das Maß der Erfindungshöhe' (1906) GRUR 57.

22) Rebekka Übler, op. cit., p.87. 주35. Von Wirth wurde der Fortschritt auch gleichbedeutend als "Nützlichkeit" bezeichnet. [Wirth also referred to progress as "usefulness."]

23) Ibid., 주37. Zum Folgenden Jurih, in: Mitu. 1905. S. 47: ders., in: GRUR 1906. S. 73 r. Zu den Patentrechtstheorien siche bereits Kap. 1 II 1.

24) Ibid., 주38. Von ihm als Arbeitstheme berechnet.

25) Ibid., 주39. Kritisch dazu buv. Pato. 2. Aun.. Patu Ra. 26: Beim Patentschutz gehe es nicht um bloßen Schutz für den Einzelnen, sondern gleichzeitig um den Ausschluss der Allgemeinheit, weswegen nicht jede Erfindertatigkeit unabhängig vom Ergebnis sebutzenswert sel. Ebenfalls ablehnend: Cleichen, in: GRUR 1911. S. 186. Schanze, inc Glasers Annalen 61 (1907), S.217. 특허보호가 개인에 대한 보호만이 아니라, 대중을 배제하는 것

이 같은 맥락에서 그는 발명높이(Erfindungshöhe)의 잣대로 창조적 활동(schöpferischen Tätigkeit)을 요구하는 것이 타당하다고 보았다.[26] 또한 '창조적 활동'의 가치 판단이 어렵다는 것을 알았는데, 이를 위해서는 특허청 심사관이 심리적 수단에 의해 발명자의 영혼에 들어가 발명적 활동(erfinderische Tätigkeit)으로 인해 발명이 나왔는지를 발견해야 하기 때문이다.[27] 워스는 이에 대한 해결책으로 입증책임을 전환하여 특허심사관이 그 발명이 당시 전문가가 가진 기술과 가깝다는 것(Fachmann nahegelegen)을 상세히 입증하여 특허성이 없다고 할 것을 제안하였다.

둘째, 워스는 발명의 결과(진보)(Erfindungsergebnis (Fortschritt))가 아니라 발명의 활동(Erfindungstätigkeit)이 보호받을 가치가 있는 척도로 인식될 경우 산업 발전이 더욱 촉진될 것이라고 생각했다.[28] 많은 진보적 발명을 만들어내기 위해서는 많은 사람들이 혁신적인 활동(innovative Aktivität)을 해야 하며, [29] 그것만으로도 생산적인 발명적 분위기가 조성되어 수많은 혁신을 일으킬 수 있으며, 그 가운데 일부가 진정한 진보적 혁신(fortschrittlicher Innovationen)으로 밝혀진다는 것이다.

셋째, 발명활동을 촉진시키기 위해서는 '기술진보'가 아니라 '발명활동'에 근거하여 특허를 부여해야 한다고 주장했다. 순수하게 객관적이고 결과만으로 발명을 평가하는 것을 반대하였다.[30] "기술진보의 양이라는 맥락에서 작업의 결과만 특허를 주어 보상하는 것은 발명가를 충

이기 때문에 결과에 관계없이 모든 발명활동을 보호할 가치는 없다는 비판도 있다.

26) Ibid., p.95. Wirth S.57.

27) Ibid., Wirth S.67f.

28) Ibid., p.87.

29) Ibid., p.88. 주41. Wirth. in. Mitt. 1905. S. 96 f.

30) Wilhelm Trüstedt, Fortschritt und Erfindungshöhe als Voraussetzung der Patentfähigkeit nach deutscher Rechtsentwicklung, GRUR, 1956, p.350.

분하게 자극하지 못한다. 우리는 발명활동(Erfindertätigkeit)을 심리적인 면에서 보아야 한다.[31]" 발명가는 단지 상당한 발명의 결과(beachtliches Ergebnis)가 아니라, 새로운 결과를 얻기 위해서는 난관을 극복했다는 사실이 특허를 얻기 위해 필요하다는 것을 알면, 새로운 기술적 결과(neuen technischen Ergebnis)를 위한 어렵고 위험한 일을 할 것이라고 워스는 생각했다.

한편, 워스는 어렵고 독창적(difficult, ingenious)인 발명과 유용한(useful/advantageous) 발명을 구별하고, 특허청이 후자만을 강조하여 모든 경우에 '중대한 기술적 진보'가 입증되기를 요구하여 기술진보 요건을 지나치게 강조하는 관행을 비판하고 있다.[32] 그는 작은 진보가 기술적인 발전을 점점 더 진전시킬 수 있고, 이것들 역시 특허에 의해 인센티브가 주어져야 한다고 지적하였다. 그들이 평균적인 기술을 가진 사람의 지식과 능력을 초과할 때, 즉 발명높이에 도달했을 때 인센티브가 주어져야 한다는 것이다. 이러한 주장을 보면, 워스가 1906년이라는 시점에서 특허청이 '기술진보' 법리를 적용함에 있어서 '중대한 진보'라는 다소 까다로운 잣대를 제시하고 있다고 느낀다는 점을 알 수 있다. 이는 특허청이 산업계의 영향으로 점진적 기술혁신까지 보호한다는 '기술진보' 개념 도입 당시의 분위기에서 벗어나서, 1891년 실용신안법이 만들어진 이후 시점에서는 이러한 관점에서 점차 벗어났을 가능성을 말해주고 있다. 또한 발명높이(Erfindungshöhe) 용어를 만든

31) Ibid., R. Wirth, Das Maß der Erfindungshöhe, GRUR 1906, 74 "Man kann, so sagt er, den Erfinder nicht genügend zum Schaffen anreizen, wenn man nur das Ergebnis seiner Arbeit, gemessen an der Größe des technischen Fortschritts, mit einem Patent belohnt. Man muß vielmehr vom psychologischen Standpunkt aus die Erfindertätigkeit von ihrem Beginn an verfolgen."

32) Friedrich-Karl Beier, op. cit., p.321.

당사자가 구체적인 사건에 따라서는 오히려 발명높이 기준이 특허청이 적용하는 기술진보 기준보다 더 까다롭지 않을 수 있다고 생각한다는 점이 흥미롭다고 하겠다.

제 7 장

독일에서의 거대한 전환: '기술진보'에서 '발명높이'로

1. 거대한 전환
2. 법원과 특허청의 대립
3. '발명높이' 개념의 법원의 수용과 특허청의 부분적 수용(1914~1932)
4. 히틀러 시대의 '발명높이' 개념의 강화(1933~1945)
5. '발명높이' 개념의 정착(1933~1959)

독일에서의 거대한 전환: '기술진보'에서 '발명높이'로

1. 거대한 전환

독일은 점진적 기술혁신에 적합한 '기술진보' 법리를 버리고 혁신적 기술혁신에 적합한 '발명높이' 법리를 채택하는 거대한 전환의 시기를 맞게 된다.

1906년 '발명높이' 개념이 이론적으로 제기된 후 8년 만에 1914년 법원에서 이 개념을 담은 법리가 최초로 채택되었으나, 특허청 결정에서는 1915년과 1916년 명확하게 이를 거부하고 '기술진보' 법리를 고수하였다. 이와 같은 법원의 '발명높이' 법리에 대한 긍정적인 입장과 특허청의 부정적인 입장이 대립하는 시기를 거치게 된다.

1933년 1월 히틀러 집권기에 들어서서 '발명높이' 법리와도 관련이 있는 '창조적 발명가'에 우호적인 분위기가 형성되었고, 이는 1936년 개정 특허법에 나타나게 되었다. 1933년 1월 히틀러 집권 이후 '발명높이' 법리는 더욱 힘을 받게 된다.

1958년 발간된 발명높이(Erfindungshöhe)의 개념에 대한 논문에서 법원 판사(Heinz Winkler)는 한때 독일에서 기술진보가 있으면 발명높이를 요구하지 않거나, 기술진보와 발명높이가 밀접한 관련이 있던 것으로 여겨지던 때가 있었으나, 현재(1958년)는 발명높이가 기준이라고 기술하고 있다.[1)]

이와 같이 독일은 2차 산업혁명 기간(1850~1913년)[2)]이라는 기술혁신의 격동기에 '기술진보'라는 친 기업적, 집단적 연구에 적합한 개념을 채택하였고, 대기업이 확고히 뿌리를 내린 산업혁명 이후 기간에 '발명높이'라는 개념을 채택하는 극적 전환을 하였다. 이러한 거대한 전환은 두 패러다임이 공존하는 시기(1914~1959년)를 거치게 된다.

2. 법원과 특허청의 대립

독일 법제도의 역사는 특허청과 법원이 오랜 기간 동안 다른 길을 걸었다는 것을 보여준다.[3)] 법원은 '발명높이' 및 '기술진보'의 파트너십을 아주 일찍 선언했지만, 특허청은 그 법률적 관념을 훨씬 늦게 통과시켰다.

법원의 경우 1914년 판례를 시작으로 일관성 있게 '발명높이'라는 개념을 도입하였고, 특히 1923년 판례부터는 '발명높이'라는 용어를 사용하였다. 반면에, 특허청은 일정 기간 동안 계속해서 '기술진보'라는 용어와 개념을 지지하고, '발명높이' 개념을 부인하였다. 1933년에 이르러서야, '기술발전'과 '발명높이'라는 기준이 서로 밀접한 관계를 가진 기준이라고 인정하고, '기술진보'의 증거가 '발명높이'의 존재를 표시한다고 결정에서 판단하였으며, 마침내 1959년 '기술진보'가 아닌

1) Heinz Winkler, op. cit., p.153.
2) 이헌대, op. cit., p.76.
3) H. Bartels, Die Läterung des "Generalklausel" des Patentgesetzes, Eine Patenthistorische Studie, GRUR, 1964, p.287.

'발명높이'가 특허요건임을 명시하는 결정을 내리게 된다. 이렇게 독일에서의 개념의 전환은 한 순간에 이루어진 것이 아니며, 기술진보라는 법리는 상당기간 여진을 남기게 된다. 예컨대, 1960년에 발표된 논문에 따르면, 화학물질에 대한 발명과 관련하여 독일에서는 '발명높이(Erfindungshoehe: inventive height)'와 기술진보(technischer Fortschritt: advance in the art) 기준을 모두 충족시켜야 한다고 기술하고 있으며, 그 기준이 다르다고 덧붙이고 있다.[4)]

3. '발명높이' 개념의 법원의 수용과 특허청의 부분적 수용 (1914~1932)

(1) '발명높이' 개념의 법원에서의 수용(1914)과 유지

독일 법원에서 'Erfindungshöhe' 관련 개념은 1914년부터 나타나고 있으며, 동 용어가 사용된 것은 1923년 판례부터이다.

앞서 언급한 바와 같이 법원도 처음에는(1900, 1901, 1903) 발명의 자명성보다는 발명으로 성취될 수 있는 성공이 중요하다는 것을 강조함으로써 특허청이 지지하는 '기술진보' 관행을 채택하고, '발명높이' 기준을 채택하지 않았다.[5)]

그러나 1914년 법원은 다음과 같이 판단하였다.[6)]: "특허청에서 판

4) Paul B. West, op. cit., p.623.

5) Friedrich-Karl Beier, op. cit., p.320. 주55. See Reichsgericht decision in 1900 Bl. f. PMZ 305; 1902 Bl. f, PMZ, 23; 1903 Bl. f. PMZ. 224.

6) Bartels은 이 문구를 다음과 같이 직접 인용하고 있다. "Mit dem Patentamt muß angenommen werden, daß das geschützte Verfahren eine sehr wertvolle Bereicherung der Technik darstellt. Dadurch allein kann aber die Aufrechterhaltung des Patentes nicht begründet werden. Vielmehr ist weiter zu untersuchen, ob der Schritt von dem zur Zeit der Patentanmeldung bereits Bekannten zu dem geschützten … Verfahren dessen Patentierung noch rechtfertigte." H. Bartels, op. cit., p.287.; Pessers는 이를 다음과 같이

단한 것과 같이 특허로 보호받기 위해서는 그 발명이 기술적 가치를 가지고 있어야 한다. 그러나 특허는 이 이유만으로 유효성을 인정받을 수 없다. 오히려 출원일에 알려진 선행기술에서 특허된 발명에 이르는 단계가 특허 부여를 정당화할 수 있는지 여부를 조사해야 한다."

이 판결문에는 '발명높이'라는 용어는 등장하지 않지만, '기술진보'라는 기존의 법리 외에 별도의 특허요건이 필요하다는 점을 명시하고 있다. 선행기술로부터의 발명과정을 보고 판단해야 한다고 제시했다는 점에서 이 판례는 1906년 논문에서 제시한 '발명높이'의 개념을 담고 있다고 볼 수 있다.

이 판례에 대해 복수의 학자들은 법원이 발명높이 법리를 받아들였다고 평가하고 있다. 즉 바이아(Beier)는 1914년부터 법원이 신규성 외에도 특정 정도의 '발명높이(Erfindungshöhe)'에 도달해야 한다고 판단하였으며, 기술의 단지 객관적인 풍부함은 불충분하다고 선언하였다고 보고 있다.[7] 다른 학자(Pessersrs)는 법원이 발명높이 법리에 호의적인 태도를 보였다고 판단하였고,[8] 또 다른 학자(Bartels)는 동 판례에서 두 개념이 파트너십 관계로 나타나고 있다고 보았다.[9]

영문으로 번역하고 있다. "In line with findings of the Patent Office it must be assumed that the protected method represents a very valuable technological enrichment. However, the patent cannot be supported on this ground alone. Rather, it should be investigated whether the step from the prior art, as known at the filing date, to the protected method can justify the grant of a patent." L.W.P. Pessers, op. cit., p.198. 주744.

7) Friedrich-Karl Beier, op. cit., p.321. 독일의 학자인 저자가 독일 용어(Erfindungshöhe)를 'inventive level'이라고 표현하고 있다는 점에 유의할 필요가 있다.

8) L.W.P. Pessers, op. cit., p.198.

9) H. Bartels, op. cit., p.287. 주21. März 1914-I 41, 1913/27; Beier 논문에 따르면 이 판례는 간행되지 않았고 1923년 판례가 인용하고 있다고 한다. Reichsgericht decision of March 3, 1923, 22 MuW 197 with reference to Reichsgericht decision of March 21, 1914 (I 43/1913/27), unpublished.

이 판례가 '기술진보' 외에 발명과정에서의 정당성을 요구하고 있다는 점에서 '기술높이' 법리를 수용했다고 볼 수 있으나, 정작 '기술높이'라는 용어를 사용하지 않고 있다는 점에서 '기술높이' 법리를 적용한 최초의 법원 판례라고 보기에는 애매한 점이 남아 있다고 하겠다. 또한 법원이 '기술진보' 법리를 버리고 '기술높이' 법리로 간 것이 아니라 두 법리가 모두 필요하다고 한 판례라는 점에 유의할 필요가 있다.

1923년 판례는 특허를 받기 위해서는 '기술진보'로는 부족하고 '발명높이'라는 요건을 만족해야 한다는 점을 명확히 하고 있다.[10] 1914년 판례와는 달리 'Erfindungshöhe'라는 용어가 사용되고 있다. 이 판례는 '특허된 발명에 진보가 발견된다고 하더라도 특허부여가 정당화되지 못하며, 기술적 충만함만으로 부족하다'고 판단하고 있다. 이어서 특허를 받기 위해서는 별개의 요건, 즉 발명높이가 요구된다고 판단하였다. 또한, 후속 법원의 판결들도(1924, 1928, 1929) 발명높이 및 기술진보를 모두 고려하여 발명의 특허적격성을 판단하는 선행원칙에 의해 결정되었다.[11]

1923년 판례와 그 후속 판례들이 특허요건으로 '기술진보'와 '발명높이'를 동시에 요구하고 있는지 아니면, '발명높이'만으로 판단하고 있는지는 불분명하다. 기술진보만으로는 부족하다는 표현 그대로라면 두

Friedrich-Karl Beier, op. cit., 주56.

10) H. Bartels, op. cit., p.287. 주21. MuW 1922/23, 197 "Selbst wenn man aber in dem geschützten Verfahren wegen des Fortfalls besonderer Verbindungsmittel einen gewerblichen Fortschritt finden könnte, so würde dadurch die Patenterteilung doch noch keineswegs gerechtfertigt sein. Denn diese Bereicherung der Technik allein genügt nicht, es müßte hinzukommen, daß dem Schritte vom Bekannten zum Geschützten die Erfindungshöhe innewohnt."

11) Ibid., RG 29. March 1924 (Bl. f. PMZ 1924, 220, 221); RG of 15. December 1928 (MuW 1929, 131); RG of 10. July 1929(MuW 1929, 498, 499); RG -vom 24. November 1937(Mitt. 1938, 49, 53).

기준을 모두 요구하는 것 같이 보이지만, '발명높이' 기준을 더 강조하고 있다는 것도 사실이다. 1929년 대법관 피에츠커(Pietzcker)[12]와 1931년 크라우세(Krausse)[13]는 법원이 발명높이 법리를 따르고 있다고 진술하고 있다.[14]

(2) 특허청의 거부(1913~6)와 변화(1930, 1932)

독일 특허청은 처음에는 'Erfindungshöhe'라는 용어를 주관적 기준이라는 이유로 발명의 특허성 판단의 기준으로 채택하는 것을 거부하였다.[15] 특허청에서는 한 동안 기술진보 법리가 발명높이 법리를 지배했다.[16]

특허청은 1913년 결정에서 발명적 특성(Erfindungseigenschaft)과 관련된 기준, 즉 근접성(Naheliegen), 놀람(Überraschung), 창조적 노력(Aufwand an schöpferischer), 지적 결과물(geistiger Arbeit) 등을 부적절한 주관적 기준으로 선언하고 배척하였다.[17] 또한 1915년 결정에서도 '문제의 혁신의 기초에 어떤 종류의 영감이나 경험이 놓여 있는지, 혁신 자체가 자명한지 여부는 전혀 중요하지 않다'고 언급했다.[18] 1916

---

12) Friedrich-Karl Beier, op. cit., p.321. 주59. EDUARD PIETZCKER, "Patentgesetz und Gebrauchsmusterschutzgesetz" 47-50, 54, 60-68 (Berlin, 1929).

13) Ibid., 주60. HEINRICH KRAUSSE, "Das Patentgesetz von 7. April 1890" 26, 27 (Berlin, 1931).

14) Ibid., p.321.

15) H. Bartels, op. cit., p.287.

16) Ibid., p.286.

17) Ibid., 주8. Bl. f. PMZ 1913, 292, 298.

18) L.W.P. Pessers, op. cit., p.198. 주746. Patent Office decision of 27 March 1915, Patentblatt 1915, 246. Quote (in German) derived from Slopek, Die Ökonomie der Erfindungshöhe (2012) 96. See also Pagenberg, Die Bedeutung der Erfindungshöhe (1975) 126. In a decision of 27 March 1915 it remarked that "it is completely devoid of importance what kind of inspiration or experience lay at the basis of the innovation in question and whether the innovation itself was obvious or not."

년 판례도 같은 기준을 제시하고 있는데, 많은 재량권이 주어지는 주관적 기준은 특허등록기준으로 적합하지 않으며, 기술진보만이 발명의 특허성 판단의 유일한 기준이라고 판단하였다.[19)]

그러나 이러한 특허청의 입장은 1930년대 초(1930, 1932)에는 '기술높이' 기준을 인정하는 듯한 결정을 내리게 된다.[20)] 1930년 특허청 심사 5부는 법원의 판례를 언급하지 않고, 획기적인 결정을 하는데, 신규성 및 기술진보만으로 특허를 받을 수 없고 제3의 요건인 '발명높이'가 특허를 받기 위해서는 필요하다고 판단하였다.[21)] 그러나, 1932년 특허청 항고심판원(Die Beschwerdeabteilungen des Reichspatentamts)은 전통에서 벗어나는 것을 두려워하여, '(기술적) 이익(Vorteile)'이 '발명높이(Erfindungshöhe)'의 존재를 확인해 주고 있고 따라서 특허 받을 자격이 있다고 판단하였다.[22)] 이 결정은 자명성(Naheliegen)과 발명단계(erfinderischer Schritt) 개념을 인정하고 있어서, 기술진보라는 기존의 법적 사고가 느슨해지고 있음을 명백히 보여주고 있다.

---

19) H. Bartels, op. cit., p.286. 주10. GRUR 1916, 59, 60. Es ist zu vermuten, daß die Furcht vor dem Eindringen subjektiver Beurteilungen mit dem dadurch bedingten weitläufigen Ermessensspielraum für die Wahl des technischen Fortschritts als einzigen Maßstab der Patentfähigkeit einer Erfindung verantwortlich ist.

20) Friedrich-Karl Beier, op. cit., p.321.

21) H. Bartels, op. cit., p.286. 주11. Mitt. 1930, 246, 247 "Diese Ansicht der Anmelderin über die Bedingungen für eine patentfähige Erfindung (Neuheit und technischer Fortschritt seien alleinige Voraussetzung) ist nicht ganz richtig, da eine patentfähige Erfindung erst vorliegt, wenn noch eine dritte Bedingung erfüllt, nämlich die erforderliche Erfindungshöhe vorhanden ist."

22) Ibid., p.286. 주12. 12 Mitt. 1932, 344 "Die Erkenntnis dieser Vorteile muß als Verdienst angesehen werden, das die Feststellung ausreichender Erfindungshöhe und demgemäß die Erteilung des Patentes unter Anerkennung der Beschwerde rechtfertigt."

4. 히틀러 시대의 '발명높이' 개념의 강화(1933~1945)

1891년 특허법을 발명자 친화적으로 개정하자는 움직임은 바이마르 공화국 시절부터 있어왔다.[23] 특허법 개정안 초안은 1928년에서 1932년까지 부르주아와 사회민주당 정부에 의해서 준비되었다. 이후 나치 정권은 바이마르로부터 이어져온 법안에 몇 가지 결정적인 수정을 했으며, 그 결과 바이마르 시대의 법안보다 훨씬 발명자 친화적인 법률이 1936년 제정되게 되었다. 따라서 나치 정권의 특허 개혁은 사회혁명 조치라고 하겠다. 히틀러 집권 이후 발명높이(Erfindungshöhe) 기준이 더욱 강화되었다.

(1) 히틀러 시대의 '발명가' 및 '창조적 활동'에 대한 인식

1) 바이마르 공화국 시대의 특허법 개정 논의

바이마르 공화국 시대인 1928년 특허법 개정안이 만들어졌다.[24] 이 법안이 국회로 넘어가기 전에 자문위원회(Preliminary Reich Economic Council: vorlaufiger Reichswirtschaftsrat, RWR)에서 이에 대한 논의가 있었다. 동 위원회 산하의 경제정책위원회(The Economic-Policy Commitee)는 동 법안을 검토할 산업계(3명), 종업원 발명자(3명), 개인(3명) 등 9명으로 구성된 소위원회를 만들었다.[25] 쟁점으로는 수수료 인하, 특허기간 연장, 선발명주의 채택이 있었고 산업계는 이를 모두 반대하였다.[26] 친 산업계 전문가들(Hermann Isay 교수, Walter Duisberg(Carl Duisberg의 아들이자 IG Farben의 미국특허시스템 수석 전문가), Richard Weidlich)은 미국식 선발명주의 시스템을 끝없는 소송을 불러오고 혁신을 지연시키

---

23) K. Gispen (1), op. cit., p.146.
24) Ibid.
25) Ibid., p.147.
26) Ibid., p.148.

고 방해하는 재난이라고 평가했다. 반면에, 발명가들(Christians, Frank, Kammerer)은 미국 시스템이 독일보다 개인발명가의 특허취득을 장려하고 더 큰 기술적 역동성을 가져다준다고 주장했다. 결국 독립 발명가들에게는 선출원시스템이나 선발명시스템이나 별 차이가 없다는 것을 발명가들도 인정하였다. 그러나 현행의 선출원시스템 하에서는 종업원 발명자에게 아무런 권리가 주어지지 않기 때문에 근본적인 시스템의 변화가 필요하다는 것이 발명자들의 주장이었다. 바이마르 공화국 시절에 만들어진 법안은 의회에서 통과되지 못했다.

2) 나치 정권하의 특허법 개정 논의

히틀러는 '창조적 발명가'의 중요성에 대해서 정치적 이력의 커다란 이정표라고 할 수 있는 그의 저서에서 다음과 같이 기술하고 있다.:[27] "모든 발명은 어느 한 사람의 창조의 결과이다. 그런 인물들은 … 전 인류의 은인이다. … 대중이 발명하는 것은 아니다. … 인간사회가 이와 같은 창조력을 가진 자에게 될 수 있는 대로 친절을 다하여 일할 수 있는 좋은 환경을 조성해 주고 전체에 이익이 되도록 이용한다면 인간사회는 비로소 잘 조직되어 있다고 생각될 것이다."

또한 1933년 1월 총리가 된 이후이며, 3월 5일 총선을 앞두고 3월 2일 연설에서 다시 한 번 발명가의 중요성을 강조하고 있다. 즉 민주주의가 가치를 창출하는 것이 아니라 개인이 가치를 만드는 것이며, 천재적 발명가가 국가에 미치는 역할이 엄청난 자본보다 더 크다고 발언하였다.[28]

---

27) A. 히틀러(이명성 옮김), 나의 투쟁, 홍신문화사, 2013, p.285.

28) K. Gispen (1), op. cit., p.169, 184(주2). Hitler, in his Sportpalast address of Thursday 2 Mar. 1933, proclaimed it was "not democracy [that] creates values, but personalities. Democracy has always destroyed and demolished the value of the personality. It is madness to think and a crime to

이러한 히틀러의 정치사상을 알게 된 개인 발명가들은 새로운 수상이 불황으로부터 독일 국가를 건져내기 위한 근본적인 힘으로 발명가와 개인의 기술적 창의력을 꼽은 것에 대한 고마움을 편지를 보내 표현하였다.[29] 또한 낮은 특허비용, 기업에 근무하는 발명자들에 대한 법제화된 보상, 자본이 부족한 개인 발명가에 대한 국가의 지원, 특허분쟁에서 대기업에 비해 열악한 위치에 있는 소기업에 대한 지원 등 특허시스템 개혁을 정부에 요청하였다.[30] 더 나아가 개인 발명가 단체는 히틀러의 발명가에 대한 언급에 기대여 기업가 중심의 1877년 연방특허법을 발명가 중심의 특허법으로 바꾸기 위한 노력을 기울이게 된다.[31]

바이마르 공화국 시절에 만들어진 법안은 결실을 맺지 못하게 되었고, 나치 정권이 들어선 1933년에 이전 법안(1931년)에 대한 검토가 이루어지게 된다.[32]

법안은 모든 법률이 국가사회주의 원칙에 부합하는지를 확인하기 위해 1933년 6월에 세워진 기구(the Academy for German Law: Akademie

propagate-that suddenly a majority can replace the achievement of the individual genius … Each people must recognize that its most capable people are its greatest national asset, because that is the most eternal value there is. A single inventor, a genius, can mean more for a nation than hundreds of millions, or billions, of apparent capital." Völkischer Beobachter, no. 63 (4 Mar. 1933), p.2. Cf. also Hitler's remarks at the opening of the International Automobile and Motorcycle Exhibition in Berlin on 11 Feb. 1933, quoted in Max Domarus, Hitler: Reden und Proklamationen 1932-1945, vol. 1, pt. 1 (1932-34) (Munich, 1965), 208-9; also Hitler's Königsberg speech of 4 Mar. 1933, Völkischer Beobachter, no.67 (8 Mar. 1933).

29) Ibid.

30) Ibid., p.170.

31) Ibid., pp.170-184.

32) Ibid., p.188.

für Deutsches Recht, ADR) 산하의 특별 위원회에서 검토되었다.[33] 이 위원회는 히틀러의 전 변호인이자 현 무임소 장관(Hans Frank)이 주재하였다. ADR 산하의 지식재산권 위원회의 의장은 뒤스베르그(Carl Duisberg, IG Farben 그룹)가 맡게 되었다. 위원회 구성원에는 기업 관계자(Siemes, IG Farben, Krupp)들이 다수 차지했다. 이들은 법안에 독립 발명자와 종업원 발명자가 가지고 있는 불만을 거의 반영하지 않았고 산업계와 전통적인 지식재산권 체제의 시각을 대변하고 있었다.[34] 산업계가 원하는 방향으로 특허법이 통과되리라고 자신한 위원회는 기술을 잘 이해하는 기술판사제도의 도입과 선발명제도의 도입의 반대에 논의를 집중하였다. 기술판사제도는 과학을 기반으로 하는 산업계의 오래된 숙원이었다. 그러나 산업계에 실망스럽게도 두 목표를 모두 달성하지 못하게 된다.

발명자의 권리와 관련한 주제에 대해서 처음에 산업계 대변인들은 선발명주의 원칙이 상당히 약화되었는데도 불구하고 이와 관련된 조항에 반대했다.[35] 그러나 산업계를 포함한 다른 위원들은 발명자 원칙(inventor principle)은 정치적 전략의 선택의 문제라고 보고, 이를 건드리지 않는 것이 현명하다고 판단했다. 선발명과 관련된 문제점은 노동계약을 통해 조절할 수 있다고 생각했다. 기업발명(company invention)의 개념을 유지하기만 한다면 산업계가 두려워할 일은 없었다.

그러나, 당 내부와 노동전위대(labor front)는 더 근본적인 친 발명가적 변화를 원했다. 두 사람(노동전위대의 Kurt Waldmann과 Karl August Riemschneider)이 히틀러의 저서인 '나의 투쟁'을 가이드라인 삼아 위원회 법안에 대응하는 특허법안을 1934년 작성하게 된다.[36] 그들은 1934

33) Ibid.
34) Ibid., p.189.
35) Ibid., p.190.

년 10월 초에 동 법안과 함께 메모랜덤을 위원회에 보냈다.[37] 여기에는 위원회의 법안과 그들의 법안을 비교하여 후자가 진정한 국가사회 특허법의 원칙을 가지고 있다고 주장했다. 또한 위원회의 법안은 창조적 인간(creative human being)을 보호하는 것이 특허법의 시작점이라고 보는 제3제국에 대한 이해를 시작하지도 못하고 있다고 비판하고 있다. 이어서 발명자, 특히 종업원 발명자가 그의 발명에 대한 이익을 가져야 한다고 주장하였다.[38] 이들이 만든 법안은 미국 스타일의 선발명시스템이었다. 그것은 기업발명(company invention)을 제거하였고, 종업원이 고용주에게 양도한 모든 발명에 대한 합당한 보상금을 받도록 의무화하였다.

뒤스베르그(Duisberg)와 그의 동료들은 이 법안을 보고 놀라게 된다.[39] 그들이 보기에 발트만(Kurt Waldmann)은 뮌헨에서 활동한 변호사였고, 오래된 나치 당의 동료였다. 그가 발명자 권리문제에 관심이 많은 나치 고위인사(Rudolf Hess)와 이 문제를 논의할 예정이라는 소식을 들은 위원회는 그를 회의에 초대하여 의견을 교환하게 된다.[40]

이어서 벌어진 1934년 10월 20일 회의는 독일의 발명 정치학의 긴 역사에 있어서 전환점이 되었다.[41] 가장 중요한 쟁점은 기업발명과 관련한 사항이었다. 뒤스베르그의·권고안은 기업발명의 개념과 정의를 그대로 두고, 다른 것은 고용계약에 맡기자는 것이었다. 이에 대해 발트만은 제3제국은 장소에 관계없이 모든 창조적 아이디어를 추구하고 있으며, '창조적 인간'이 보호의 중심에 있어야 한다고 주장하였다. 또

---

36) Ibid., p.192-3.
37) Ibid., p.193.
38) Ibid., p.194.
39) Ibid., p.195.
40) Ibid., pp.195-196.
41) Ibid., p.197.

한 독일 발명이 미국에서 특허를 받을 경우 발명자의 이름이 실리게 되는데, 독일도 그렇게 되어야 한다고 하면서, 이러한 이유로 기업발명이라는 개념에 반대한다고 하였다.[42)]

발트만의 발언은 열띤 토론을 불러일으켰다. 직업 기술자와 열렬한 나치가 그의 의견을 지지했고, 경영인과 행정 및 사법부의 관료들은 이를 반대했다.

참석자의 다수는 그의 견해에 반대했고, 조직화되고 집단적인 발명에 대한 사례를 들었다. 지멘스사의 특허 팀장(Paul Wiegand)은 히틀러의 '나의 투쟁'에 근거하여 반론을 펼치게 된다. 히틀러는 모든 종류의 일상적인 정신활동을 말하는 것이 아니고, 사실상 진정으로 창조적인 사람을 지칭하고 있다는 것이다. 불행하게도 그러한 창조적인 성취는 산업계에서 드물게 나타난다고 주장하였다.

뒤스베르그(Duisberg)는 석탄액화 공정이 어떻게 진행되는지를 설명하여 특허팀장의 논리를 뒷받침했다. 그는 사례는 다르지만 1909년 정부가 선발명주의를 채택하는 것을 반대했을 때와 같은 주장을 반복했다. 그는 "일부는 특허가 되고 일부는 공표되지 않은 많고 작은 개인의 진보(advance)를 기반으로 해서, 석탄으로부터 액화연료를 만들어 내는 것이 가능하다는 것을 알 때까지 수백 명의 화학자들이 수년간 협업을 했다"고 발언했다.[43)] 핵심은 발명이 각각의 회사에서 일하는 사람들의 체계적인 협업의 결과라는 것이다.

마침내 어느 시점에서 히틀러의 측근인 장관(Hans Frank)이 개입해서 노동전위대가 옳고, 화학그룹(IG Farben)과 전기회사(Siemens), 법무부가 틀렸다고 선언하였다.: "국가사회주의자 독일노동자당(National

42) Ibid., p.198.
43) Ibid., p.199.

Socialist Germany Labor Party)의 국가사회주의의 기본 관점이 새로운 법을 끌고 가야되는데 국가의 창조적 발전을 끌고 가는 주체로서 발명가가 그의 지식재산권을 완전히 누리도록 보장받아야 한다. 내 생각에 이 원칙이 모든 법안의 기초를 형성해야 한다." 국가사회주의의 최고 변호사로 알려진 장관(Hans Frank)은 종업원 발명자들의 사회적 위상을 조금이나마 높이게 돼서 기쁘다고 하면서, 이 만남을 품위 있게 주재한 뒤스베르그에게 다시 한 번 감사의 말을 전한다고 끝맺음을 했다.[44] 이로서 회의는 끝났고, 기업발명 개념은 영원히 사라지게 되었다. 직무발명(service invention)과 자유발명(free invention)만 남게 되었고 보상과 같은 종업원 발명자의 상세한 권리는 노동법에서 다루게 되었다. 이 회의 결과는 1936년 개정 특허법에 담겨지게 된다.

가장 두드러진 변화는 소위 '출원인 권리원칙(Anmelderprinzip)'에서 '발명자 권리원칙(Erfinderprinzip)'으로의 전환이었다.[45] 이 법칙은 특허권은 발명자가 가지고, 회사(기관)는 단지 법적 승계인으로 발명자에게 양도 받을 수 있다는 것이다.

(2) '창조적 업적' 중심의 진보성 개념의 위상 강화

1936년 개정 특허법은 발명가와 그의 창조적 업적을 중심으로 한 사고방식을 담고 있다.[46] 독일의 1936년 특허법이 요구하는 '진보성' 개념을 린덴마이아(Fritz Lindenmaier) 판사는 1939년 발표된 논문에서 명확히 하고 있다.[47] 그는 1937년 나치당에 가입했으며, 법원(Reichsgericht in Leipzig)에서 특허 부문의 책임자로 근무했다.[48] 전쟁 후에는 특허법

44) Ibid., p.200.
45) L.W.P. Pessers, op. cit., p.203.
46) Friedrich-Karl Beier, op. cit., p.322.
47) Ibid., p.322.; L.W.P. Pessers, op. cit., p.202.
48) K. Gispen (1), op. cit., p.299.

교수(Hambrug)를 지냈으며, 1952년부터 1953년까지 대법원 판사(the Federal Republic's Supreme Court in Karlsruhe)로 일했다. 이러한 그의 경력을 보아, 그의 진보성 개념은 상당기간 동안 큰 영향을 주었다고 판단된다.

그는 1939년 발표된 논문에서[49] 1936년 특허법이 공동체를 위한 발명가의 '창의적인 업적(creative achievement)'을 특허 보호의 토대이자 전제 조건으로 만들었다고 보았다.[50] 이 견해를 뒷받침하기 위해 히틀러의 저서(Mein Kampf)에서 천재 개인이 인류 문명의 움직이는 힘으로 칭찬받은 구절을 인용하고 있다.[51] 이러한 이데올로기에 따르면, 커다란 기술적 진보(large technical advance)가 발명높이라는 기준을 대체할 수 없으며, 발명높이는 특허 보호를 위한 요건으로 강조될 수밖에 없다고 하겠다.[52]

---

49) L.W.P. Pessers, op. cit., p.202. 주769. F. Lindenmaier, 'Die schöferische Leistung als Voraussetzung der Patenterteilung' (1939) GRUR 153-161, see also Slopek, Die Ökonomie der Erfindungshöhe (2012) 98-99.; 다음 논문은 이 논문의 제목을 'The creative achievement as prerequisite for the patent grant'으로 번역하고 있다. Friedrich-Karl Beier, op. cit., p.322. 주64. Lindenmeier, GRUR 1939 153 et seq.

50) L.W.P. Pessers, op. cit., p.202. 주770. Lindenmaier, 'Die Schöferische Leistung' (1939) 153.; 다음 논문은 원문의 영어 번역본을 다음과 같이 싣고 있다. Friedrich-Karl Beier, op. cit., p.322. "he new patent law makes the creative achievement of the inventor for the general public the foundation and prerequisite of patent protection as the means he has chosen to further the inventor."

51) L.W.P. Pessers, op. cit., p.202. 주771. See, in particular, A. Hitler, Mein Kampf (Zentralverlag der NSDAP, Munich 1936) 483ff and 496ff.; A. 히틀러(이명성 옮김), op. cit., p.285. [모든 발명은 어느 한 사람의 창조의 결과이다. 그런 인물들은 … 전 인류의 은인이다. … 대중이 발명하는 것은 아니다. … 인간사회가 이와 같은 창조력을 가진 자에게 될 수 있는 대로 친절을 다하여 일할 수 있는 좋은 환경을 조성해 주고 전체에 이익이 되도록 이용한다면 인간사회는 비로소 잘 조직되어 있다고 생각될 것이다.]

52) Friedrich-Karl Beier, op. cit., p.322.

5. ‘발명높이’ 개념의 정착(1933~1959)

히틀러의 저서에 근거하여 ‘발명높이’ 관련 기준을 주장한 1939년 논문은 특허청의 결정이나 법원 판결에 지대한 영향을 주었다고 판단된다.

나치 정권 동안 ‘창조적 업적(creative achievement)’, ‘창조적 정신 활동(creative mental activity)’과 같은 용어는 법원과 특허청의 결정에 점점 더 많이 등장했다.[53] 발명에 의해 달성되는 중요한 기술진보는 모든 경우에 존재해야 하는 발명높이를 입증하기 위한 부차적인 고려사항으로 변화되었다.[54] 법원은 큰 기술진보 기준이 발명높이 기준을 대체할 수 있다는 의견과 그러한 경우 발명높이의 정도가 낮아질 수 있다는 특허청의 의견을 모두 받아들이지 않게 되었다.

1936년 친 발명가적 특허법이 진보성 기준에 미친 영향에 대해 ‘발명높이’ 기준을 강화시켰다는 견해가 있는 반면에,[55] 이미 1933년에 특허청이 두 개념이 서로 밀접한 관계에 있다고 선언했기 때문에 진보성 기준에는 큰 영향을 주지 못했다는 견해가 있다.[56] 1933년 특허청 결정도 히틀러가 총리가 된 이후에 나온 것이라는 점에서 나치 집권 이후에 ‘발명높이’ 기준이 강화되었다고 볼 수 있다. 또한 진보성의 유일한 기준으로서의 ‘발명높이’ 기준이 정립된 것도 후술하는 바와 같이 1940년 판결에서 나왔다는 것을 보면, 나치 집권 후에 ‘발명높이’ 기준

---

53) Ibid., 주66. Reichsgericht decision of February 9, 1940, GRUR 1940 195; Reich Patent Office decision of April 5, 1937, 1937 Mitt. 251; May 5, 1938 decision, 1938 Bl. f. PMZ 118.

54) Ibid., 주67. Reichsgericht decision of February 9, 1940, GRUR 1940 195, 196.

55) Ibid.

56) L.W.P. Pessers, op. cit., p.204.

이 확실한 진보성 기준으로 자리 잡았다고 판단된다.

(1) 특허청의 전향적 결정(1933): 두 개념의 동시 적용 법리

1933년 6월 한 공무원은, 특허청은 소 발명가를 지원하는 것이 새 정권의 분위기라고 판단하고 발명자주의(inventor principle)를 강하게 지지할 수밖에 없었다고 말한 바 있는데,[57] 이 시기 특허청이 창조적 활동과 관련된 '발명높이'를 인정하는 결정이 내려진 것과 관련이 있다고 보인다. 히틀러가 총리로 임명된 이후인 1933년 10월 기존 특허청의 관례에서 벗어난 이 결정이 이루어지게 되었다는 점을 강조하는 시각도 있다.[58]

1933년 10월 특허청은 결정문 속에 다음과 같은 문장을 포함하게 된다.[59] "법원은 오래전부터 신규성과 기술의 진보성(Fortschrittlichkeit einer technischen) 외에도 특허법 제1조에 있는 발명에 대한 요건으로 '발명높이(Erfindungshöhe)'를 요구해왔다." 이러한 특허청의 법원 선례에 대한 인정은 '발명높이'를 특허요건으로 인정해왔던 법원과는 달리 이를 부정했던 과거와는 다른 입장을 취하고 있다.

이 결정에 대해 대부분의 학자들이 특허청이 '기술진보'라는 기준과 동등한 차원에서 ''발명높이' 기준을 인정한 것으로 두 기준이 서로 보완적인 역할을 하게 되었다고 평가하고 있다.

이 결정으로 법원과 특허청 사이의 오랜 분할이 1933년에 끝났고,

57) K. Gispen (1), op. cit., p.188.

58) H. Bartels, op. cit., p.286.

59) Ibid., 주14. Bl. f.PMZ 1933, 267 "Fest steht aber, …, daß das RG seit langer Zeit in feststehender Rechtsprechung annimmt, daß zu den Erfordernissen einer Erfindung im Sinne des §1 des PG außer der Neuheit und Fortschrittlichkeit einer technischen Neuerung unbedingt eine gewisse Erfindungshöhe, die erst die Patentwürdigkeit begründe, hinzukommen müsse."

특허청은 '기술진보'와 '발명높이'를 통신하는 선박처럼 작동하는 두 가지 상호 의존적 요건으로 간주하게 되었다는 견해도 있다.[60] 발명이 상당한 발명높이를 가지고 있다는 증거가 제시되었을 때, 기술진보 기준은 낮아졌고 그 반대의 경우 반대로 변했다.[61] 특허청은 기술진보의 증거가 종종 발명높이의 존재를 강력하게 표시한다고 주장했다.[62] 또한 특허청은 이 새로운 접근 방식이 이전에 우려했던 것처럼 평가의 객관성에 그다지 해를 끼치지 않을 것이라는 확신을 갖게 되었다.[63]

이와 같이 특허청은 처음에는 기술진보 기준을 고수하였으나 30년대 초에 법원을 따랐고, 그 이후 지속적으로 실무에서 기술진보와 발명높이 둘 다를 요구했으며, 크게 진보한 경우에는 발명적 수준을 낮게 잡을 수도 있고 그 반대의 경우도 마찬가지라는 단서를 달았다.[64]

(2) 발명높이 기준의 단일 적용 명확화: 1940년 판례

1933년 판례는 선례에 따라 기술진보가 있다는 것은 발명높이의 존재를 말해준다고 하고 있고,[65] 1937년 판례는 발명높이 및 기술진보를 모두 고려하여 발명의 특허적격성을 판단하는 선행원칙에 의해 결정되었다.[66]

마침내, 1940년 법원(Reichsgericht)은 '기술진보'가 '발명높이'의 존재

60) L.W.P. Pessers, op. cit., p.202. 주766. Patent Office decision of 22 October 1933, Patentblatt 1933, 267.
61) Ibid., 주767. Patent Office decision of 22 October 1933, Patentblatt 1933, 267.
62) Ibid., p.204. 주781. Reichsgericht decision of 29 March 1933, MuW (1933) 354, 356.
63) Ibid., p.202. 주768. See especially Pagenberg, Die Bedeutung der Erfindungshöhe (1975) 126 and references in fn 19.
64) Friedrich-Karl Beier, op. cit., p.321. 주61. Cf. Patent Office decision, October 22, 1933, 1933 Bl. f. PMZ 267.
65) H. Bartels, op. cit., p.287. 주26. MuW 1933, 354, 356 (29. März 1933).
66) Ibid., RG -vom 24. November 1937 (Mitt. 1938, 49, 53).

에 대한 단순한 표시일 수 있다고 판단했다.[67] 이로써 이전까지 판례가 '기술진보'와 '발명높이'를 모두 요구하고 있는지 아니면 '발명높이' 기준을 판단하는데 '기술진보' 기준이 단지 뒷받침하는 역할을 하는지가 불분명 했던 상황에서 법원은 '발명높이' 기준이 유일한 기준인 점을 확인했다는 것에서 의미가 있다. 후술하는 바와 같이 특허청은 이러한 입장을 1959년이 되어서야 수용하게 된다.

(3) 2차 대전 이후의 실무 동향

히틀러의 저서를 인용해 '창조적 성과'를 진보성 기준으로 제시한 린덴마이아(Fritz Lindenmaier) 판사는 전쟁이 끝난 후인 1945년 10월 초 1936년 특허법이 국가사회주의자와 특별한 관련이 없는 사실상 섬세한 법제화 작업의 결과라고 주장했다.[68] 국가사회주의자들이 1936년 입법을 대단한 특허개혁이라고 선전했지만 실상은 이전의 특허법과 본질적으로 바뀐 것은 없고 작은 정도만 바뀌었는데, 이는 발명자의 법적 위치가 강화된 점이라고 주장하였다.[69] 나치에 의해 실행된 '친발명가'라는 생각은 세기말 이후부터 있어왔으며, 1933년 전에 지식재산권법의 담론의 한 부분이었다는 점에서 그의 견해는 어느 정도 일리가 있다. 그러나 히틀러 정권은 바이마르공화국과 제국이 거부했던 이러한 생각을 선택했고, 특허법에 기술적 낭만주의 개념을 제도화하였다는 점에서 1936년 개혁은 국가사회주의와 깊은 관련이 있다. 1936년의 특허 개혁이 국가사회주의자와 깊은 관련이 있다는 것을 린덴마이아와 같은 사람들이 알고 있었음에도 별로 관련이 없다고 주장하는 이유는

67) L.W.P. Pessers, op. cit., p.206. 주796. Reichsgericht decision of 9 February 1940, GRUR (1940) 195, 196.; Friedrich-Karl Beier, op. cit., p.322. 주68. Reichsgericht decision of February 9, 1940, GRUR 1940 195, 196.

68) K. Gispen (1), op. cit., p.299.

69) Ibid., p.300.

나치의 발명자 개혁이 사회진보를 나타낸다고 믿고 이를 지켜내기 위해서였다고 보는 학자도 있다.[70)]

나치 시대에 강화된 '창조적 발명가'를 중심으로 한 진보성 개념은 전쟁 후에도 지속된다. 전쟁 후 대법원을 포함한 법원들은 발명높이만으로 판단하는 1940년 판례를 따르게 된다.[71)]

특허청도 1959년 '기술진보'가 아닌 '발명높이'가 특허요건임을 명시하는 결정을 내리게 된다. 기술진보의 존재가 특허권의 결론으로 이어질 수 있기 전에 어떤 경우에든 어느 정도의 발명높이가 있어야 한다고 판단했다.[72)] 법원(BGH)도 동일한 접근 방식을 취했다.[73)] 1962년에 법원은 기술진보가 기껏해야 발명높이를 나타내는 지표가 될 수 있다고 판단했다.[74)]

한편, 1964년 저술된 논문에서 한 독일법학자는 오늘날 특허적격성은 '발명높이 및 기술진보' 파트너십에 의해 결정된다고 주장하고 있다.[75)] 이는 이 시기까지 '기술진보' 법리의 영향력이 남아 있었음을 시사해 주고 있다. 기술진보 기준의 이 보조적인 역할은 1970년대에 여러 차례 재확인되었다.[76)]

1960년대에 법원(BGH: Bundesgerichthof, Federal Court of Justice)은

---

70) Ibid.

71) Friedrich-Karl Beier, op. cit., p.323. 주69. BGH decision, in GRUR 1969, 182, 184; see BENKARD (BRUCHHAUSEN), "Patentgesetz" annot. 16 to Sec. 4 Patent Act (7th ed., 1981).

72) L.W.P. Pessers, op. cit., p.206. 주797. Patent Office decision of 21 July 1959, Patentblatt 1959, 359.

73) Ibid., 주798. BGH decision of 2 July 1968 (Betondosierer) GRUR 1969, 182.

74) Ibid., p.272. 주1130. BGH decision of 21 December 1962 (Warmpressen) GRUR 1963, 645, 649.

75) H. Bartels, op. cit., p.287.

76) L.W.P. Pessers, op. cit., p.272. 주1131. See, for instance, BGH decision of 27 June 1972 (Herbicide) PMZ 1973, 257, 258 and BGH decision of 14 March 1974 (Spreizdübel) GRUR 1974, 715, 717.

'발명높이' 기준을 "그것은 통상의 기술자가 그의 전문 지식이나 일반적인 추론을 사용하여 도달할 수 없는 성과를 요구한다."고 정의하였다.[77)]

77) "[it] requires an achievement which was not within the reach of an average technician using his expertise or common reasoning." L.W.P. Pessers, op. cit., p.205. 주792. BGH decisions of 23 June 1959 (Elektromagnetische Rühreinrichtung) GRUR 1959, 532, 536 and of 6 May 1960 (Fensterbeschläge) GRUR 1960, 427, 428. Cf Pietzcker, Patentgesetz (1929) 54 and Reichsgericht decision of 6 October 1937, PMZ 1937, 220, 221.

제 8 장

특허법 통일화와 '발명활동'이라는 용어의 등장

특허법 통일화와 '발명활동'이라는 용어의 등장

제2차 세계 대전 말기에는 국내 산업 생산을 보호하기 위해 특허법을 만들었던 편협한 민족주의를 극복하려는 의지가 있었다.[1] 이에 따라 각국이 독자적으로 운영해 오던 특허요건을 통일화하려는 움직임이 일어났고, 유럽에서는 집중적으로 1960년과 1973년 사이에 통합이 이루어졌다.[2]

1. 스트라스부르그 특허조약(1963)

(1) 진보성 관련 조문의 내용

특허등록요건을 일치시키고 특허권 보호범위에 대한 법원의 기준을 정하기 위한 조약(Convention on the Unification of Certain Points of Substantive Law on Patents for Invention. 이하 '스트라스부르그 조약')이 1963년 체결되었다.[3]

1) Fredrik Neumeyer, Unification of European Patent Legislation on the Common Market, MOD. L. REV., vol.24 no.6, 1961, p.729.
2) Laura R. Ford, op. cit., p.88.

동 조약의 공식적 문서는 영어와 프랑스어로 작성되었고, 기타 독일어, 이탈리아어, 러시아어로 번역되었다.

동 조약 제5조는, 영어로는 선행기술과 관련하여 자명하지(obvious) 않으면 발명단계(inventive step)를 가지는 발명이라고 간주하도록 표현되어 있다.[4] 또 다른 공식 언어인 프랑스어로는 영어의 'inventive step'에 대응하는 용어로 'activité inventive'를 대응시키고 있는데 후자

---

3) 발명특허에 대한 실체법 통일화 조약(Convention on the Unification of Certain Points of Substantive Law on Patents for Invention)은 1963년 11월 27일 프랑스 스트라스부르그에서 개최된 유럽위원회(Council of Europe)에서 체결되었으며(ETS No.047), 1980년 8월 1일 8개국의 비준을 받아 발효되었다. <https://www.coe.int/en/web/conventions/full-list/-/conventions/treaty/047Councilof Europe>.

4) Convention on the Unification of Certain Points of Substantive Law on Patents for Invention(Nov. 27, 1963): Article 5 An invention shall be considered as involving an inventive step if it is not obvious having regard to the state of the art. However, for the purposes of considering whether or not an invention involves an inventive step, the law of any Contracting State may, either generally or in relation to particular classes of patents or patent applications, for example patents of addition, provide that the state of the art shall not include all or any of the patents or patent applications mentioned in paragraph 3 of Article 4.; Article 5 Une invention est considérée comme impliquant une activité inventive si elle ne découle pas d'une manière évidente de l'état de la technique. Toutefois, pour déterminer si une invention implique ou non une activité inventive, la législation de tout Etat contractant peut, soit d'une manière générale, soit pour des catégories particulières de brevets ou demandes de brevets tels que les brevets d'addition, prévoir que tout ou partie des brevets ou demandes de brevets visés au paragraphe 3 de l'article 4 sont exclus de l'état de la technique.; Artikel 5 Eine Erfindung gilt als auf einer erfinderischen Tätigkeit beruhend, wenn sie sich nicht in naheliegender Weise aus dem Stand der Technik ergibt. Jedoch kann für die Beurteilung der Frage, ob eine Erfindung auf einer erfinderischen Tätigkeit beruht oder nicht, das Recht jedes Vertragstaats entweder allgemein oder für besondere Arten von Patenten oder Patentanmeldungen, wie etwa Zusatzpatente, vorsehen, daß alle oder ein Teil der in Artikel 4 Absatz 3 erwähnten Patente oder Patentanmeldungen nicht zum Stand der Technik gehören.

의 경우 '발명활동'이라는 의미를 가진다는 점에서 두 용어의 일상적이고 표면적인 의미가 다르다는 문제점을 안고 있다. 이러한 프랑스식 용어는 독일어의 'erfinderischen Tätigkeit', 이탈리아의 'un'attività inventiva'라는 용어 채택에 영향을 주게 된다.

동 조약 이전에 진보성 개념과 관련하여 이를 법제화 한 나라는 영국과 미국을 들 수 있다. 영국의 경우 주요국 최초로 1932년 무효사유로 '자명하고(obvious)' 그리고 '발명단계(inventive step)'가 포함되지 않은 경우를 규정하고 있었으며,[5] 1949년에는 더 나아가 심사단계에서의 이의신청 사유 중의 하나로 동 조항을 포함하고 있었다.[6] 미국의 경우 주요국 최초로 1952년 특허법 제103조에 비자명성 요건을 등록요건으로 규정하였다. 동 조항은 특허를 받기 위해서는 그 분야 통상자에게 자명하지 않을 것을 요구하고 있다.[7]

조약 제5조는 영국 특허법이 비자명성과 발명단계를 병렬적으로 나열하는 것과 달리 비자명성과 발명단계를 같은 개념으로 보고 있다. 또

---

5) Ann Monotti, Divergent Approaches in Defining the Appropriate Level of Inventiveness in Patent Law, The Common Law of Intellectual Property: Essays in Honour of Professor David Vaver(edited by Catherine Ng, et al.), Bloomsbury Publishing Plc, 2010, p.180. 주29. Patents and Designs Act 1932 22 & 23 Geo 5 s 3 inserted a new s 25(2) into Patents and Designs Act 1907 Edw 7. 'the invention is obvious and does not involve any inventive step having regard to what was known or used prior to the date of the patent'.

6) Ibid., p.181.

7) 1952년 미국특허법 제103조. "[Conditions for patentability; non-obvious subject matter] A patent may not be obtained though the invention is not identically disclosed or described as set forth in section 102 of this title, if the differences between the subject matter sought to be patented and the prior art are such that the subject matter as a whole would have been obvious at the time the invention was made to a person having ordinary skill in the art to which said subject matter pertains. Patentability shall not be negatived by the manner in which the invention was made."

한 미국 특허법 제103조에 있는 그 분야 통상자라는 인적 기준을 포함하고 있지 않다는 점에서 차이가 있다. 그러나 비자명성을 기준으로 진보성 개념의 구체적 기준을 정하고 있다는 점에서는 공통점이 있다.

따라서, 조약 문구로 보아서는 유럽 특허법 통일화 과정에서 영미법 기준이 선택되고 독일법 기준이 폐기된 것으로 보인다.[8] 그러나, 앞서 살펴본 바와 같이 독일에서는 '기술진보'와 '발명높이'라는 진보성 기준이 경합하다가 1959년의 시점에서 법원이 일찍이 채택해 왔던 후자의 기준을 특허청이 채택하여 일단락되었고, '발명높이' 기준이 영미법의 '비자명성' 기준과 개념상 유사점이 있다는 점을 감안하면 독일 특허제도에 큰 변화를 불러일으킨 것은 아니라고 평가할 수 있다.

(2) 조약 협상 참여 독일 전문가의 진술

협상 초기에는 독일의 진보성 기준인 '기술진보' 및 '발명높이' 개념이 포함된 것으로 전해지고 있다.[9]

1962년 발표되었고, 추인을 앞두고 있었던 최종 조약(안) 독일어 번역문 제1조에는[10] 특허요건에 대해 전체적으로 기술하고 있고, 제5조

8) Laura R. Ford, op. cit., p.88, 90.

9) Ibid., p.91. 주289. It appears that an earlier version of the proposal may have retained the German requirements of inventive height (Erfindungshöhe) and technical advance (technischer Fortschritt).; Fredrik Neumeyer, op. cit., p.726. "A draft for an international (European) convention as to rules for patentability and exemptions from patentability, conditions of novelty of inventions, so-called prior right to an invention, test of sufficient technical progress("Erfindungshöhe") and shape of patent claims, has been prepared and will be discussed in the Council of Europe meeting in November 1961."

10) 스트라스부르그 조약 제1조 In den Vertragsstaaten werden für jede Erfindung, die gewerblich verwertbar ist, neu ist und Erfindungshöhe besitzt, Patente erteilt. Eine Erfindung, die diesen Voraussetzungen nicht entspricht, kann nicht Gegenstand eines gültigen Patents sein. Ein Patent, das für nichtig erklärt worden ist, weil die Erfindung diesen Voraussetzungen nicht

는[11] 특히 진보성에 대해 상술하고 있다.[12]

여기서 흥미로운 사실은 서문에는 '기술진보(technischen Fortschritt)'라는 용어가 조약의 목적을 설명하면서 등장하고 있으나, 진보성 조항에서는 '발명높이(Erfindungshöhe)'라는 당시 독일 실무에서 우위를 차지하고 있는 용어가 등장한다는 점이다. 영어 원본의 'inventive step'을 독일의 진보성 기준인 '발명높이(Erfindungshöhe)'로 대응시킨 것인데 영국과 독일의 실무가 달랐다는 점에서 다소 논란의 소지가 있는 번역이라고 할 수 있다. 다른 한편으로는 번역자가 'inventive step'을 독일에서의 '발명높이(Erfindungshöhe)'와 같은 개념으로 보고 있다는 점을 나타내주기도 한다. 그러나 이 용어는 1963년 '발명활동'으로 변화되어 번역되며, 이는 독일 특허법의 진보성 용어가 동 조약으로 인해서 변화되었음을 나타내고 있다.

또한 '선행기술 대비 비자명성'이라는 조약의 영어 부분도 직역하지 않고 '선행기술 대비 가까움의 정도'라고 번역하고 있다는 점도 이례적이라고 하겠다.

한편, 동 조약 과정에 참여한 독일 대표단의 일원인 클라우스(Klaus Pfanner)는 조약이 체결되기 전 해인 1962년 스트라스부르그 조약 초안에 대해 자신의 견해를 학술지에 기고하였다.[13] 그는 지식재산권 분야 전문가로서, 독일 특허청과 독일 법무부에서 일했으며, 각종 지식재산권 관련 회의에서 독일 대표단의 일원으로 참석했다.[14] 1953년 특

---

entspricht, gilt von Anfang an als nichtig.

11) 스트라스부르그 조약 제5조 Eine Erfindung besitzt Erfindungshöhe, wenn sie sich nicht in naheliegender Weise aus dem Stand der Technik ergibt.

12) 1962년 최종 조약(안)의 독일어 번역본은 다음 자료에 수록되어 있다. Entwurf eines Übereinkommens über die Vereinheitlichung gewisser Begriffe des materiellen Patentrechts, GRUR Ausl, 1962, p.588.

13) Klaus Pfanner, Vereinheitlichung des materiellen Patentrechts im Rahmen des Europarats, GRUR Ausl, 1962, p.546.

허청에서 심사관으로 일한 후, 1956년 법무부로 옮겨 산업재산권 관련 일을 시작했으며, 1963년 다시 독일 특허청으로 복귀하였다. 두 번째 특허청 근무 당시 그는 국제 협상에 지속적으로 참여하면서 중요한 역할을 수행했으며, 후에 유럽특허조약(the European Patent Convention)으로 귀결되는 예비 작업에 참여하였다.[15)]

클라우스는 이 논문에서, '발명높이(Erfindungshöhe(Article 5)'라는 제목 하에 진보성 조문에 대해 다음과 같이 상술하고 있다.:[16)] "제5조는 발명높이(Erfindungshöhe)를 다룬다. 이 문제에 대해 특허적격성의 전제조건으로 발명높이(Erfindungshöhe) 또는 발명활동(erfinderischen Tätigkeit: activité inventive)의 필요성을 정하는 공통 공식에 합의한 것은 발명높이(Erfindungshöhe)에 관한 각국의 실무에 상당한 차이가 있다는 점에서 법률 통합의 특별한 성공으로 간주할 수 있다. 제5조에 따라, 발명은 선행기술에서 가까운 방법으로 도출되지 않는 한 발명활동(erfinderischen Tätigkeit)에 기초하는 것으로 간주된다. 이는 향후 회원국가의 법률에서 발명의 신규성에 덧붙이는 요건이 있어야 함을 말하며, 그 요건은 자명한 개량 영역으로부터의 발명(Erfindung aus dem Bereich der selbstverständlichen Verbesserung heraushebt.: the invention from the area of obvious improvement)을 특허적격성에서 제외하는 것을 목적으로 한다. 발명활동(erfinderischen Tätigkeit) 개념이 선택된 이유는, 독일의 '발명높이(Erfindungshöhe)'와 관련된 창의적 노력(effort créateur) 개념이 지나치게 엄격하고, 무작위발명을 배제할 수 있다는 우려가 있었기 때문이다. … 협상에서 독일 법률의 기준으로서 발명의 근접성을

14) Arpad Bogsch, Obituary: Klaus Pfanner, Industrial Property, no.10, 1986, p.417. <https://www.wipo.int/edocs/pubdocs/en/intproperty/120/wipo_pub_120_1986_10.pdf>
15) Ibid., p.418.
16) Klaus Pfanner, op. cit., p.552.

판단하기 위한 지표로 '보통 전문가(Durchschnittsfachmann)'를 제안함으로써 발명을 명확히 하려고 시도하였다. 그러나 이 단계는 발명높이(Erfindungshöhe)라는 개념이 지나치게 주관적이라는 이유로 거부한 국가의 전문가들의 우려에 부딪혔다. '보통 전문가(Durchschnittsfachmann)'라는 용어는 발명의 근접성을 더 정확하게 묘사할 수 없다. 왜냐하면 이 평균적인 전문가는 실제로 존재하지 않으며, 대부분 심사관의 판단에 달려있기 때문이다. … 따라서 현재 제안되고 있는 개정안의 내용으로 결정되었는데, 이는 좀 더 일반적 정의이긴 하지만, 국가마다 다양한 초기 상황을 고려할 때 상당한 진전을 이룬 것이다."

이와 같은 클라우스의 설명에서 다음과 같은 점을 알 수 있다. 첫째, 그가 진보성 관련 기준과 용어가 다양한 유럽 국가들이 제5조의 문항에 합의하였다는 점을 높이 평가하고 있다는 점이다. 이는 각국의 기준 차이로 인해 협상이 쉽지 않았다는 점을 시사해 주고 있다. 둘째, 제5조의 독일어 용어가 '발명높이(Erfindungshöhe)'로 번역되어 있으나, 협상과정에서 독일식 '발명높이(Erfindungshöhe)' 개념은 주관적이라는 이유로 '창의적 노력'이라는 개념과 함께 배척되었음을 말해주고 있고, 채택된 개념은 독일식 '발명높이(Erfindungshöhe)'가 아니라 '발명활동(erfinderischen Tätigkeit)'이라는 새로운 개념이라는 점을 명확히 하고 있다. 그러면서도 일단 번역어인 '발명높이(Erfindungshöhe)'라는 용어를 사용하고 있다. 셋째, '선행기술에서 가까운 방법으로 도출되지 않는 발명'이라는 번역본이 '발명의 자명한 개량 영역으로부터의 발명'이라는 원 영어본과 같은 의미라고 설명하고 있다. 넷째, '동 분야의 통상자'라는 개념은 주관적이라는 이유로 거부되었다는 점이다.

1963년 체결된 스트라스부르그 특허조약에서 진보성 관련 조항(제5조)은 이후 체결된 유럽특허조약(1973년) 등에 직접적인 영향을 주었다는 점에서 진보성 관련 개념사를 연구하는데 있어서 조약체결 과정에서의 논의는 매우 중요한 의미를 갖는다고 할 수 있다.

2. PCT 조약(1970년)

특허협력조약(Patent Cooperation Treaty)은 1970년 워싱턴에서 체결되었다.[17)]

조약 서문에서 조약체결의 목적으로 과학과 기술의 진보에 기여하고, 발명에 대한 온전한 법적 보호를 하는 것 등으로 기술하고 있다.[18)] 여기서 '기술의 진보'라는 용어를 사용하고 있음에 유의할 필요가 있다. 또한 제33조 제3항에서는 예비심사와 관련하여 특허요건으로 발명이 '발명단계(inventive step)'를 가질 것을 요구하고 있고, 이를 선행기술(the prior art)과 관련하여 그 분야 통상의 기술자(a person skilled in the art)에게 자명하지(obvious) 않는다는 의미라고 기술하고 있다.[19)] '발명단계(inventive step)'를 한국어, 일본어에서는 '진보성(進步

---

17) Patent Cooperation Treaty, Done at Washington on June 19, 1970, amended on September 28, 1979, modified on February 3, 1984, and on October 3, 2001.

18) PCT 서문: Preamble "The Contracting States, Desiring to make a contribution to the progress of science and technology, Desiring to perfect the legal protection of inventions"

19) PCT Article 33 The International Preliminary Examination (3) For the purposes of the international preliminary examination, a claimed invention shall be considered to involve an inventive step if, having regard to the prior art as defined in the Regulations, it is not, at the prescribed relevant date, obvious to a person skilled in the art.; (3) 爲國際初步審査的目的, 如果按細則所規定的現有技術考慮, 請求保護的發明在規定的相關日期對本行業的技術人員不是顯而易見的, 它應被認爲具有創造性.(중국어); 3) 國際予備審査に当たつては, 請求の範囲に記載されている發明は, 所定の基準日に当該技術分野の専門家にとつて規則に定義する先行技術からみて自明のものではない場合には, 進歩性を有するものとする.(일어); 특허협력조약(PCT) (Patent Cooperation

性)'으로 표기하고 있고, 유럽대륙의 몇몇 국가들은 발명적 활동(erfinderischen Tätigkeit; activité inventive 등)을 뜻하는 용어로 표현하고 있다.[20]

여기서 주목할 만한 점은 스트라스부르그 조약에서는 사용하지 않은 '그 분야 통상자'라는 용어가 추가되었다는 점이다.

3. 유럽특허조약(EPC, 1973년)

1970년 PCT 조약 체결에 영향을 받아 유럽지역에서의 특허법 통일화 움직임이 결실을 맺게 되었다.[21] 이러한 노력의 결과로 1973년 유럽특허조약(EPC)이[22] 독일 뮌헨에서 체결되었다. 공동체특허조약(the Convention for the European Patent for the Common Market: Community Patent Convention)도 룩셈부르크에서 1975년 체결되었다. 두 조약의 공식 언어는 영어, 프랑스, 독일어이다.[23]

EPC는 특허성을 산업상이용가능성(susceptible of industrial application), 신규성, 발명단계(inventive step)를 포함하는 것으로 규정하고 있다.[24]

Treaty) 제33조(국제예비심사) (3) 국제예비심사의 목적상, 청구의 범위에 기재되어 있는 발명은 규칙에 정의된 선행기술을 고려할 때 소정의 기준 일에 당해 기술 분야의 전문가에게 명백한 것이 아닌 경우에는 진보성을 가지는 것으로 한다.; <https://www.wipo.int/pct/pt/texts/glossary.html> <https://www.wipo.int/pct/pt/texts/index.html>

20) 독일 erfinderischen Tätigkeit; 프랑스 activité inventive; 스페인 actividad inventiva; 포르투갈 actividade inventiva; 이탈리아 un'attività inventiva.

21) Jeffrey Singleton, Convention on the Grant of European Patents (European Patent Convention) and Convention for the European Patent for the Common Market (Community Patent Convention), The International Lawyer, vol.13 no.1, 1979, p.120.

22) 이 조약의 명칭은 다음과 같다.: the Convention on the Grant of European Patents: European Patent Convention. 약칭 EPC. 뮌헨특허조약이라고도 불린다.

23) Jeffrey Singleton, op. cit., p.123. 주6. European Patent Convention, art.14; Community Patent Convention, art. 14.

독일에서 요구하고 있는 기술진보 기준이 적용되지 않는 점이 특이하다.[25] 영어 번역본으로는 그 분야의 통상자가 선행기술을 고려할 때 자명하지(obvious) 않은 발명은 발명단계(inventive step)를 포함하는 것으로 간주된다고 규정하고 있다.[26] 독일어 번역본은 'inventive step'을 'erfinderischen Tätigkeit'로 대응시키고 있다.

〈표 3〉 EPC에서의 진보성 관련 용어

구 분	제52조 제1항	제56조
영어	[Patentable inventions] European patents shall be granted for any inventions, in all fields of technology, provided that they are new, involve an inventive step and are susceptible of industrial application	[Inventive step] An invention shall be considered as involving an inventive step if, having regard to the state of the art, it is not obvious to a person skilled in the art.
독일어	[Patentierbare Erfindungen] (1) Europäische Patente werden für Erfindungen auf allen Gebieten der Technik erteilt, sofern sie neu sind, auf einer erfinderischen Tätigkeit beruhen und gewerblich anwendbar sind.	[Erfinderische Tätigkeit] Eine Erfindung gilt als auf einer erfinderischen Tätigkeit beruhend, wenn sie sich für den Fachmann nicht in naheliegender Weise aus dem Stand der Technik ergibt.
프랑스어	[Inventions brevetables] Les brevets européens sont délivrés pour toute invention dans tous les domaines technologiques, à condition qu'elle soit nouvelle, qu'elle implique une activité inventive et qu'elle soit susceptible d'application industrielle	[Activité inventive] Une invention est considérée comme impliquant une activité inventive si, pour un homme du métier, elle ne découle pas d'une manière évidente de l'état de la technique.

24) Ibid., p.126. European Patent Convention, arts. 52(1), 57.
25) Ibid., p.127.
26) EPC 제56조.

4. '발명활동' 용어와 개념의 기원

(1) '발명활동(erfinderischen Tätigkeit)' 용어에 대한 비판과 도입 배경

앞서 소개한 바와 같이 스트라스부르그의 진보성 관련 조항의 용어가 영어 원본은 'inventive step'을 사용하고 있고, 프랑스어 원본은 'activité inventive'라는 용어를 사용하고 있다. 독일의 경우 동 조약과 EPC 조약을 반영하여 특허법에 'erfinderischen Tätigkeit'라는 용어를 사용하여 프랑스식 용어를 채택하고 있다.

'erfinderischen Tätigkeit'라는 독일어를 영어로 번역하면 'inventive activity'라는 용어에 가까우며, 이는 문자 그대로 발명활동을 의미하는 것으로 '외국에서의 발명활동(Inventive activities in foreign countries)'이라는 용례에서 볼 수 있는 바와 같이 '발명단계(inventive step)'와는 거리가 먼 의미를 담고 있다.

'erfinderischen Tätigkeit'라는 용어와 관련된 비판이 제기되고 있다. 예컨대, 덴마크 학자(D.A. Was)는 언어학적 측면에서 'inventive activity'라는 용어를 비판하고 있다.[27] 'inventive activity'를 괴물이라고까지 부르고 있다. 발명활동과 선행기술과의 근접성 또는 자명성은 관련이 없다는 것이다. 따라서 스트라스부르그 조약에서 동 용어를 삭제하고 자명성이라는 용어만을 남겨놓을 것을 제안하고 있다. 또한 독일 학자(Beier)는 발명활동이 아니라 발명활동의 결과를 가지고 진보성을 판단하도록 되어 있으므로, 발명활동이라는 용어는 잘못된 용어라고 보고 있다.[28]

27) D. A. Was, Erfindung und Erfindungshöhe: Einige sprachkritische Bemerkungen, GRUR Ausl,, 1966, p.271.

28) Friedrich-Karl Beier, op. cit., p.323. What then happened from the

'erfinderischen Titigkeit'라는 독일어 용어의 의미를 법조문이 정의하여 이를 극복했다는 시각도 있다.[29] 그럼에도 이 정의에 사용된 용어에도 문제가 있다고 비판하고 있다. 즉 독일어 텍스트 'naheliegender Weise'는 문자 그대로 'way lying nearly'를 의미하며, 따라서 '자명성'이라는 개념과는 다른 의미를 가지고 있다는 것이다(with the official German text referring to naheliegender Weise, literally a "'way lying close to …', and, legally, having a different meaning than the concept of "obviousness.").

따라서, 이미 독일이 'inventive step' 또는 'obvious'라는 의미를 담은 '발명높이'라는 용어를 가지고 있었음에도 불구하고 이를 대응시키지 않은 이유가 궁금해질 수밖에 없다. 'inventive activity'와 'Erfindungshöhe'를 동일시하는 학자도 있다.[30]

유럽특허조약에서도 'inventive step'이라는 용어가 채택되었으며, (제52조 제1항) 프랑스와 독일어로는 '발명활동'이라는 용어로 대응되었다.[31] 유럽특허조약 입안과정에서 'inventive height'라는 개념이 신중하게 회피된 것에는 두 가지 이유가 있다는 견해가 있다.[32] 첫째, 회

---

beginning of the 60's, namely the statutory introduction of the prerequisite of inventive step in form of the so inapt term "inventive activity" (which need not exactly be present because it is the result of that activity which counts), and the entire dismissal of the advance in the art (or technical progress) as a separate patentability requirement in the process of harmonizing European patent law.

29) Frithjof E. Muller · Harold C. Wegner, The 1976 German Patent Law, J. PAT. OFF. SOC'Y, vol.59 no.2, 1977, p.116.

30) Aufsatz von Jochen Pagenberg, The Concept of the 'Inventive Step' in the European Patent Convention, IIC, 1974, p.158. 주5. Gutmann, "Das neue französische Patentgesetz," 1968 Mitt. 85, 96, right column, equates inventive activity with inventive height.

31) Ibid.

32) Ibid., p.157.

원국들은 미래의 유럽특허법 발전에 선입관을 심어줄 수 있는, 각 나라의 전통들로부터 자유롭기를 원했다. 둘째, 다른 나라들은 발명높이(Erfindungshöhe)의 어문적인 번역에 의해 특허요건이 까다로워지는 것을 두려워했다.

독일 특허법의 관점에서는 이 용어는 다양하게 해석될 수 있다는 견해가 있다.[33] 첫째, 발명가의 활동에 초점을 맞추어야 하며 우연히 발명된 것은 특허가 될 수 없고, 긴 발명기간을 거친 발명만이 특허를 받아야 한다. 둘째, 활동의 발명성에 초점을 맞추어서 전형적인 창조적 활동(creative activity), 즉 창조적 천재의 불꽃(flash of creative genius)이 기대되며, 체계적(systematic) 연구 노력에 기반한 발명은 배제되어야 한다. 셋째, 비자명성과 동의어로서 독일 판례에서 지금까지 사용되어 왔던 일반적인 기술적 명칭이 선택된 것이다.[34]

(2) '발명활동' 용어의 역사적 기원

'발명활동'이라는 용어는 1900년 전후에 독일에서도 '창조적 활동'이라는 용어와 유사한 용어로 사용된 사례가 있지만, 동 용어의 역사적 기원은 프랑스인 것으로 알려지고 있다. 이 용어가 1963년 스트라스부르그 조약에 포함된 것은 프랑스 대표의 주장에 의한 것이라는 견해도 있다.[35]

'inventive activity'라는 용어의 생성과 관련해서 프랑스 사례는 일

33) Ibid., p.158.

34) Ibid., 주4. Compare the decision of the Reichsgericht (Supreme Court prior to 1945) of January 7, 1938, 1938 Mitt. 272, 274; similarly, decision of the Reichsgericht of January 20, 1932, 1932 MuW 192, 193: "intellectual activity of an inventive character"; decision of the Federal Supreme Court of May 20, 1969, Case No. X ZR 71/66-Ventilplatte ("inventive skill").

35) Aufsatz von Jochen Pagenberg, p.161. 23 Accord, OUDEMANS, The Draft European Patent Convention (London & New York, 1963) at 25.

정한 시사점을 던져주고 있다.[36] 프랑스에서의 1844년 특허법은 1968년 특허법이 개정되기 전까지 오랜 기간 효력을 발휘하고 있었으며, 'inventive step' 또는 'inventive activity'라는 것을 특허등록 요건으로 인식하지 못하고 있었다.[37] 오직 신규성(novelty)과 산업상 성격(industrial character)만이 요구되었다. 그러나 프랑스도 다른 나라와 마찬가지로 신규성과 산업상 성격을 갖추고는 있지만 특허를 주는 것이 타당하지 않다고 여겨지는 발명에 대해 신규성 관련 개념(essential novelty, functional novelty, patentable novelty 등)을 이용하여 특허를 부여하지 않은 판례가 있다. 그럼에도 불구하고 1845년 대법원 판례(Cour de Cassation)에 근거하여, 프랑스 법원은 만장일치로 특허적격성을 다소간의 발명자의 노력은 차치하고라도, 발명의 장점 또는 가치나 중요성에 근거하지 않고 있다.[38] 프랑스가 '발명활동' 또는 '발명단계'를 오랜 기간 동안 배격해 온 이유는, 주관적이고, 불확실하고, 기본적으로 정당화되지 않는 평가에 대한 반감 때문이다.

산업재산법 분야에서 유명한 프랑스 학자인 루비에(Paul Roubier) 법대 교수는 1954년 출판된 그의 저서에서, 1844년 프랑스 특허법을 잘 해석해 보면 발명의 정의에 'l'activité inventive'이라는 기준을 적용할 여지가 있었음에도 불구하고 학자들이 그렇게 하지 않았다고 평가하고 있다.[39] 특히, 1844년 프랑스 특허법 제2조가 특히 그럴 여지가 있다고 주장했다. 한 판례는 발명가가 부딪치는 어려움, 즉 발명활동(l'activité inventive)에 초점을 맞추었다.[40] 루비에는 특허적격성 판단을 위한 새로운 기준, 즉 발명활동이 필요하다고 주장했다.[41]

36) Beier, op. cit., pp.314-317.
37) Ibid., p.314.
38) Ibid., p.315.
39) Roubier, Le Droit de la Propriété Industrielle(Vol. 2), Sirey, 1954, p.58.
40) Ibid., p.67.

한편, 법원(The Tribunal civil de la Seine)이 1956년 두 개의 판례를 통해 루비에의 이론을 따랐다.[42] 그러나 두 판례는 두 사람(Mathély와 Lavoix)의 비판에 직면하게 되었고, 이듬해인 1957년 법원(the Cour d'appel de Paris)의 두 개의 판례가 이를 번복했다.[43] 파리항소법원의 이러한 결정의 핵심 문구는 다음과 같다.: "특허 받은 장치가 의심할 여지없이 기술적 결과를 나타내며 신규성이 있으면, 발명의 낮은 장점만을 근거로 특허를 무효로 할 수 없으며, 또한 기술에 숙련된 사람이 그것을 만들 수 있었다는 것도 무효의 근거가 되지 못한다. 그러한 주관적 기준은 1844년 특허법의 단어와 정신에 반하는 것이다."

또 다른 판례의 의견도 비슷하다.: "제2조 특허법에 따라 새로운 기술 제품과 관련된 특허의 유효성은 충분한 발명활동의 부족이라는 이유로 의심의 대상이 되어서는 안 된다. 특허의 타당성을 발명의 실용적이고 기술적인 중요성에 의존하게 만드는 기준은 1844년의 특허법의 원칙에 반한다."

결국 프랑스에서 발명활동이 세 번째 특허등록요건으로 받아들여진 것은 1968년 입법에 의해서이다.[44]

---

41) Ibid., p.112.

42) Beier, op. cit., p.316. 주44. Trib, civ. Seine of March 22, 1956, 1956 Ann. 304; Trib. civ. Seine of April 13, 1956, 1956 Ann. 308 with comment by ROUBIER in 1956 J.C.P. II 9311 and MATHÉLY & LAVOIX in 1956 Ann. 227 et seq.

43) Ibid., 주45. Cour d'appel de Paris decision of March 31 and of May 31, 1957, GRUR Int. 1957 435, 437 Coq électrique and comment on that case CASALONGE, GRUR Int. 1957 408 et seq. ZUTRAUEN "Erfindungshöhe und technischer Fortschritt in der französischen Literatur und Rechtsprechung," GRUR Int. 1959 335 et seq.

44) Ibid., "1968년 프랑스 특허법은 산업적 특성, 신규성, '발명활동'을 특허요건으로 규정하고 있다."; Marcel A. Maulvault, The French Patent Law, 1968, J. PAT. OFF. Soc'y, 52(11), 1970, p.745. "According to Articles 6, 7, 8, 9 and 63 of the new law, the invention must have an industrial character, must be

이와 같이 발명활동 기준은 상급법원에서 받아들여지지 않았지만, 1954년 학자에 의해 이러한 용어와 개념이 사용되었고, 1956년과 1957년 법원에서도 같은 용어를 사용했다는 점에 의미가 있다. 동 용어가 스트라스부르그 조약의 프랑스어 판에서 채택되었다는 점에서, 그 출처가 프랑스였다고 짐작할 수 있다.

조약에서 이러한 용어를 사용한 이유는 프랑스 학자가 제안했고, 프랑스에서는 도입되지 않는 용어를 사용하여, 독일 또는 영국 용어를 쓰는 부담을 덜고자 했던 것으로 추정된다. 특정 국가의 용어를 쓸 경우 그 나라의 전통과 실무의 영향을 받을 가능성이 있을 수 있으며, 유럽특허조약 조문의 어구를 기준으로 미래에서 판례를 만들어 가려는 의도라고 판단된다.

---

absolutely novel (internationally speaking) and must imply inventive activity, i.e. must not obviously derive from the prior art.; LOI no 68-1 du 2 janvier 1968 tendant à valoriser l'activité inventive et à modifier le régime des brevets d'invention. Art. 6. - Peut être brevetée, toute invention portant notamment sur un produit, un procédé, une application ou une combiønaison de moyens. L'invention doit avoir un caractère industriel, être nouvelle et impliquer une activité inventive. Art. 9. - Une invention est considérée comme impliquant une activité inventive si elle ne découle pas de manière évidente qe l'état de la technique."

제 9 장

독일 특허법상 '발명활동' 용어의 수용

1. 국제특허조약에 관한 법률 제정(1976)
2. 독일 특허법 개정(1980)

제 9 장

독일 특허법상 '발명활동' 용어의 수용

앞서 본 바와 같이 유럽특허법의 통일화 과정에서 1960년대 초 독일의 진보성 개념은 다음과 같은 큰 변화를 겪게 되었다.[1] 첫째, 조약에서 '발명단계(inventive step)'라는 용어로 표현된 특허등록요건이 '발명활동(inventive activity)'이라는 용어로 법조항에 도입되었고, 둘째, 독자적인 특허요건으로서의 '기술진보' 요건이 완전히 퇴출되었다.

'발명활동' 용어와 개념은 독일 특허법에 세 단계를 거쳐 수용되었다. 첫째, 스트라스부르그 특허조약, 특허협력조약(PCT) 및 유럽특허조약(EPC)의 세 조약에서 발생하는 의무를 독일 국내법에 반영하기 위해 제정한 국제특허조약에 관한 법률(Gesetz über internationale Patentübereinkommen, IntPatÜG)이 제정된 1976년이다.[2] 둘째, 동 법률

1) Friedrich-Karl Beier, op. cit., p.323. "What then happened from the beginning of the 60's, namely the statutory introduction of the prerequisite of inventive step in form of the so inapt term "inventive activity" (which need not exactly be present because it is the result of that activity which counts), and the entire dismissal of the advance in the art (or technical progress) as a separate patentability requirement in the process of harmonizing European patent law."

의 진보성 조항이 발효된 1978년이다.[3] 셋째, 1936년 공포된 독일 특허법이 몇 차례 사소한 개정을 거쳐, 마침내 전면 개정된 1980년이다(1981년 효력발생).[4] 동 법률은 스트라스부르그 조약, 유럽특허조약을 반영하였다.[5]

1. 국제특허조약에 관한 법률 제정(1976)

독일은 스트라스부르그 조약과 유럽특허조약을 지키기 위해 1976년 국제특허조약에 관한 법률을 제정하였다.[6] 상대적으로 사소한 조항은 1976년 후반기에 효력이 발생되도록 했으며, 중요한 실체법적 조항은 유럽특허조약이 비준된 이후 효력을 발생하도록 했고, 여기에는 진보성 관련 규정도 포함된다.[7] 1976년 개정된 신법은 독일 특허법상 최초로 진보성 조문을 담게 되었다.[8]

새로운 독일 법률은 다음과 같은 방식으로 특허 가능한 발명을 정의했다.[9]: 산업적용가능성이 있고, 새로우며, 발명활동(Erfinderische Tiitigkeit)을 포함하는 모든 발명에 대해 특허가 부여되어야 한다. 구 독일법과

---

2) L.W.P. Pessers, op. cit., p.275.
3) Ibid.
4) Albrecht Krieger, The New German Patent haw After Its Harmonization With European Patent Law - A General Survey, IIC, vol.13 no.1, 1982, pp.1-2.
5) Ibid., p.2.
6) Rebekka Übler, op. cit., p.355. das Gesetz über internationale Patentübereinkommen. Juni 1976.
7) Frithjof E. Muller · Harold C. Wegner, op. cit., p.91.
8) Rebekka Übler, op. cit., p.355.
9) Ibid., "das Gesetz über internationale Patentübereinkommen. Juni 1976 durch das Gesetz über internationale Patentübereinkommen die bislang ungeschriebene Voraussetzung der Erfindungshöhe als erfinderische Tätigkeit in den SS 11, 4 S. I PatG."

새로운 법 사이의 주요한 차이점은 발명이 발명활동에 기초한다는 요건이 추가되었다는 것이다.[10] 발명활동은 조약의 영어 용어(inventive step) 또는 프랑스어(activité inventive)에 대응하는 용어로 선택되었다.[11]

이로서 발명성 판단 기준이 이전의 기준(Erfindungshöhe, technischer Fortschritt)에서 'Erfinderische Tiitigkeit'으로 대치되었다.[12] 이 새로운 법은 다음과 같이 진보성을 규정하고 있다.: 발명이 전문가에게 선행기술에서 가까운 위치에 있지 않다면 발명이 발명활동에 근거한다고 간주된다.[13]

동 법률(Gesetz über internationale Patentübereinkommen, IntPatÜG)은 1978년 1월 1일 발효되고, 진보성 규정도 효력을 가지게 되었다.[14] 이로서 기술진보 요건은 이 시점부터 더 이상 특허성 요건으로 간주되지 않게 되었다.[15]

2. 독일 특허법 개정(1980)

유럽특허조약(EPC)은 1973년에 성공적으로 비준되어 1977년에 발효

10) Frithjof E. Muller · Harold C. Wegner, op. cit., p.94. Article 1(1).
11) Ibid., p.95. 주19. "The German text refers to an invention being based upon inventive activity: "auf einer erfinderischen Tatigkeit beruhen". This wording is also found in MPC §52(1), where the English text, however, refers to "inventive step".
12) Ibid., p.116.
13) Ibid., Article 2a, first sentence, of the new German law. "Eine Erfindung gilt als auf einer erfinderischen Tätigkeit beruhend, wenn sie sich fiir den Fachmann nicht in naheliegender Weise aus dem Stand der Technik ergibt."; An invention shall be considered as involving an inventive step if, having regard to the state of the art, it is not obvious to a person skilled in the art.
14) L.W.P. Pessers, op. cit., pp.206, 271.
15) Albrecht Krieger, op. cit., p.4.

되었다.[16] 동 조약에 규정된 조항을 실행하기 위해 독일에서 1980년 특허법이 제정되고 1981년 효력이 발생하게 된다.[17] 유럽특허조약 제69조에 따라 독일 특허법 제14조가 만들어졌다.[18] 1980년 제정된 독일 특허법은 제1조와 제4조는 'Erfinderischen Tätigkeit'라는 용어를 사용하고 있으며, 2017년 기준 특허법도 동일한 용어를 사용하고 있다.

유럽특허조약에 기술진보와 기술효과의 기준이 언급되지 않았고 영국의 발명단계(inventive step)가 명시적으로 포함되었기 때문에 조약으로 인해 적어도 진보성에 관한 한 독일에 더 큰 변화를 가져온 것처럼 보인다.[19] 이를 '과감한 입법 변화'라고 보는 학자도 있다.[20] 그러나 이 새로운 조항이 실제로 법률의 중요한 변화를 가져왔다고 보기는 어렵다. 기술진보 기준은 1978년 이전에 독일의 진보성 판단에 있어서 보조적인 역할만을 수행했다. 이미 1962년에 법원(BGH)은 기술적 진보가 기껏해야 발명높이를 나타내는 지표가 될 수 있다고 지적했다.[21] 이는 1970년대에 여러 차례 재확인되었다.[22] 따라서 개편된 특허법으로 인해 독일에서의 진보성 기준이 변화했다고 보기는 어렵다.

---

16) Karen Walsh, Promoting Harmonisation Across the European Patent System Through Judicial Dialogue and Cooperation, IIC, vol.50, 2019, p.411.
17) Ibid., p.420. 주51. Patentgesetz in der Fassung der Bekanntmachung vom 16. Dezember 1980 (BGBI. 1981 I S. 1), das durch Artikel 2 des Gesetzes vom 4. April 2016 (BGBI. I S. 558) geändert worden ist (German Patents Act).; David L. Cohen, Article 69 and European Patent Integration, Nw. U. L. REV., vol.92 no.3, 1998, p.1111.
18) David L. Cohen, op. cit., p.1111.
19) Laura R. Ford, op. cit., p.102.
20) L.W.P. Pessers, op. cit., p.272.
21) Ibid., 주1130. BGH decision of 21 December 1962 (Warmpressen) GRUR 1963, 645, 649.
22) Ibid., 주1131. See, for instance, BGH decision of 27 June 1972 (Herbicide) PMZ 1973, 257, 258 and BGH decision of 14 March 1974 (Spreizdübel) GRUR 1974, 715, 717.

제 10 장

미시적 차원에서의 '기술효과' 및 '기술진보' 개념의 부활 또는 견재

1. 진보성 판단에 있어서 '기술진보(효과)' 개념의 보조적 활용
2. 특허대상 판단에 있어서 '기술효과' 개념의 활용

제 10 장

미시적 차원에서의 '기술효과' 및 '기술진보' 개념의 부활 또는 건재

1973년 체결된 EPC 조약의 조항으로 인해 기술적 특성과 관련된 기준이 독일 법률에서 제거되었다. 학계에서는 결과적으로 '기술효과'와 '기술진보'라는 용어가 유럽 특허법 현장에서 점차 사라질 것이라고 예측했으나, 이러한 예측은 맞지 않았다.[1)]

1. 진보성 판단에 있어서 '기술진보(효과)' 개념의 보조적 활용

앞서 살펴본 바와 같이 독일에서의 특허법상 진보성 개념은 '기술효과' 또는 '기술진보'에서 '발명높이' 또는 '발명활동' 개념으로 거대한 전환을 겪게 된다. 이론적으로 보면 기술법리(기술효과, 기술진보)와 발명법리(발명높이, 발명활동)는 별개의 기준이지만 두 법리는 내면적으로 연계되어 있다. '기술진보'가 있는 경우 '자명하지 않을' 가능성이 높고, 또한 자명할 경우 기술적 진보가 없을 가능성이 높다는 점에서 두 개념은 다르지만, 실무에 적용할 경우 밀접한 관련이 있다는 것을 알 수

1) Laura R. Ford, op. cit., p.103.

있다. 이에 대해 이들 기준의 이분법의 이면에 있는 현실은 더 복잡하고 미묘하며, 두 이론 사이의 차이는 절대적이지 않다는 주장이 있다.[2)] 한때 독일의 특허청 결정에서도 이 두 개의 법리를 상호의존적 요건으로 본 바 있다.[3)]

‘발명높이’ 또는 ‘발명활동’이라는 추상적 개념은 ‘기술효과’ 또는 ‘기술진보’라는 구체적 개념에 의해 뒷받침되는 면이 있다는 점에서 두 개념은 공존할 수 있다. ‘발명높이’ 또는 ‘발명활동’이라는 개념은 거시적 차원에서 작동하게 되고, ‘기술효과’ 또는 ‘기술진보’라는 개념은 미시적 차원에서 작동할 수 있다.

독일에서 기술진보(효과) 기준이 발명높이(활동) 기준으로 대치된 이후에도 전자는 후자를 뒷받침하는 요소로 인정받게 된다. 미국의 경우도 ‘새로운 결과’라는 법리가 사라지고 비자명성 법리가 기준이 된 후에도 전자와 관련된 ‘결과’라는 개념은 보조적 요소로 남아 있게 된다. 한국의 경우도 진보성 조문이 세계적 기준(비자명성)을 담고 있으면서도, ‘효과’를 이를 판단하기 위한 요소로 인정하고 있다.

‘발명높이(활동)’, ‘발명단계’, ‘비자명성’이라는 다소 추상적이고 주관적으로 보이는 법리를 적용하면서 이를 뒷받침 하는 단서로서 ‘기술진보’ 또는 ‘기술진보 법리’와 관련이 있는 ‘기술적 효과’, ‘새로운 결과’, ‘현저한 효과’ 등을 활용하는 사례가 전 세계적으로 오랜 기간 발견되고 있다.

독일에서 발명의 진보성 판단은[4)] 종래 해결되지 않고 있었던 기술

---

2) L.W.P. Pessers, op. cit., p.289.
3) Ibid., p.202. 주766. Patent Office decision of 22 October 1933, Patentblatt 1933, 267.
4) 독일 특허법(2017) 제4조 “Eine Erfindung gilt als auf einer erfinderischen Tätigkeit beruhend, wenn sie sich für den Fachmann nicht in naheliegender Weise aus dem Stand der Technik ergibt.” 이에 대한 독일 특허청의 영문 번

적 과제가 해결된 경우, 이미 해결된 과제지만 한층 더 양호한 방법으로 그 과제를 해결한 경우, 다른 선택지에 의해 기술내용이 충실하게 된 경우 등을 기준으로 한다.[5] 발명의 효과는 진보성 판단의 중요한 간접증거로 고려되고 있다. 이와 같이 독일은 진보성 판단 법리로 발명높이(활동) 기준을 채택하였음에도 불구하고 구체적으로 진보성을 판단하는 국면에서는 기술진보(효과) 개념을 적용하고 있음을 알 수 있다.

유럽특허청의 심사기준은 객관적이고 예측 가능한 방법으로 발명단계(inventive step)를 평가하기 위해 이른바 '문제 해결 접근법(problem-solution approach)'이 적용된다고 하면서, 세 가지 단계를 제시하고 있다.[6]: 첫째, 최종 선행기술을 결정한다. 둘째, 해결해야 할 '기술적 문제'를 확립한다. 셋째, 가장 가까운 선행기술 및 객관적인 기술적 문제에서 출발하여 청구된 발명이 숙련자에게 자명한지 여부를 고려한다. 이는 '기술적 과제'를 중심에 놓고 판단하는 방식으로 '기술진보(효과)' 개념과 직결된다고 할 수 있다.

또한 유럽특허청 심사기준은 발명단계라는 특허요건과 '기술진보' 또는 '유리한 효과'와의 관계에 대해서 다음과 같이 기술하고 있다.[7]:

역본은 다음과 같이 되어 있는데, 동 조항이 유럽특허조약을 반영하였기 때문에 그 조약의 영문을 대응시킨 것으로 판단된다. "An invention shall be deemed to involve an inventive step if, having regard to the state of the art, it is not obvious to a person skilled in the art."

5) 조영선, op. cit., p.25.

6) EPO, Guidelines for Examination in the European Patent Office, March 2021 Part G-Patentability Chapter VII - Inventive step 5. Problem - solution approach. "In order to assess inventive step in an objective and predictable manner, the so-called 'problem-solution approach' is applied. In the problem-solution approach, there are three main stages: (i) determining the 'closest prior art', (ii) establishing the 'objective technical problem' to be solved, and (iii)considering whether or not the claimed invention, starting from the closest prior art and the objective technical problem, would have been obvious to the skilled person."

"유럽특허조약은 명시적으로나 묵시적으로 발명이 특허를 받기 위해서 '기술진보' 또는 '유리한 효과'를 가질 것을 요구하지는 않는다. 그럼에도 불구하고, 선행기술에 대한 진전된 효과는 명세서에 기재해야 하고 그러한 효과는 '발명단계(inventive step)'를 결정하는데 가끔 중요하다." 여기서 '유용한 효과'는 '새로운 결과'와 유사한 개념이라는 점에서 유럽연합의 경우도 '기술적 기준'이 '발명단계' 판단에 여전히 중요한 요소로 작동하고 있다는 점과 '기술진보'와 '유리한 효과'를 유사한 개념으로 보고 있다는 점을 알 수 있다.

영국 특허법에도 발명이 선행기술을 넘어선 기술진보를 보여주어야 하는 별도의 요건이 없다.[8] 기술진보란 일을 하는데 더 나은 방법이어야 한다는 것을 의미한다.[9] 그러나, 상업적 성공과 마찬가지로 기술적 진보에 대한 고려가 발명단계(inventive step)를 찾는데 참고가 될 수 있다. 만약에 그 아이디어가 기술에 있어서 진정한 한 단계의 발전이면서도 동시에 자명하다면 왜 과거에 그게 만들어지지 않았을까라는 질문이 기술적 진보가 비자명성을 판단하는데 하나의 기준이 될 수도 있다는 점을 말해준다.

미국에서는 '비자명성'과 '새로운 결과'라는 법리가 서로 보완하고

---

7) EPO, Guidelines for Examination in the European Patent Office, March 2021 [Part G - Patentability, Chapter I - Patentability, 3. Technical progress, advantageous effect: "The EPC does not require explicitly or implicitly that an invention, to be patentable, must entail some technical progress or even any useful effect. Nevertheless, an advantageous effect, if any, with respect to the state of the art should be stated in the description (Rule 42(1)(c)), as any such effect is often important in determining 'inventive step' (see G VII, 5)."]

8) W. Cornish · D. Llewelyn · Aplin, Intellectual Property: Patents, Copyrights, Trademarks & Allied Rights(seventh edition), Sweet & Maxwell, 2010, p.212.

9) Ibid., p.213.

있는 판례가 19세기 전반기부터 등장하고 있다. 예컨대 전자가 주된 법리로 후자를 이를 입증하는 증거로 삼고 있는 판례들도 있으며 그 반대의 경우도 발견된다. 1881년 연방대법원의 경우 '새로운 결과'를 주된 기준으로 삼고, 이를 뒷받침하는 증거로 비자명성 기준을 적용하고 있다.[10) 또한 2006년 연방대법원은 알려진 요소의 결합이 예측 가능한 결과(predictable results)만을 얻는 경우 자명한 것일 가능성이 높다고 보았다.[11)]

한편, 미국 특허청의 심사지침에서는 일곱 가지 자명하다고 볼 수 있는 경우를 예시적으로 보여주고 있는데, 그 가운데 세 개가 '예측 가능한 결과'를 기준으로 판단하도록 하고 있다.[12)] 이는 '결과의 예측 용

---

10) Webster Loom Co. v. Higgins, 105 U.S. 580, 591 (1881). "This argument would be sound if the combination claimed by Webster was an obvious one for attaining the advantages proposed, -one which would occur to any mechanic skilled in the art. …. It may be laid down as a general rule, though perhaps not an invariable one, that if a new combination and arrangement of known elements produce a new and beneficial result, never attained before, it is evidence of invention."

11) KSR Intern. Co. v. Teleflex Inc. 550 U.S. 398, 401 (2007). "Such a combination of familiar elements according to known methods is likely to be obvious when it does no more than yield predictable results."

12) Manual of Patent Examining Procedure, Chapter 2100, Section 2141: 2141 Examination Guidelines for Determining Obviousness Under 35 U.S.C. 103 [R-10.2019]. "Rationales (A) Combining prior art elements according to known methods to yield predictable results; (B) Simple substitution of one known element for another to obtain predictable results; (C) Use of known technique to improve similar devices (methods, or products) in the same way; (D) Applying a known technique to a known device (method, or product) ready for improvement to yield predictable results; (E) 'Obvious to try'-choosing from a finite number of identified, predictable solutions, with a reasonable expectation of success; (F) Known work in one field of endeavor may prompt variations of it for use in either the same field or a different one based on design incentives or other market forces if the variations would have been predictable to one of ordinary skill in the art; (G) Some teaching, suggestion, or motivation in the prior art that would

이성'을 중시하는 기준이며, 고전적인 '새로운 결과'라는 법리를 '예측 가능한 결과'로 치환시키고 있음을 알 수 있다. '예측 가능'이라는 문구는 비자명성이라는 제103조의 개념을 상위에 놓은데서 발생하였다고 하겠고, 비자명성 개념이 구체적 판단 요소에 여전히 영향을 미치고 있음을 보여준다고 하겠다.

인도의 특허법은 '발명단계(inventive step)'를 선행기술과 비교하여 기술적 진보를 포함하는 것을 의미한다고 규정하여, 용어는 '발명단계'를 사용하면서도, 그 내용은 '기술진보' 개념을 채택하고 있는[13] 매우 이례적인 모습을 보여주고 있다.

한국의 경우 법원에서 진보성 판단 시 '구성의 곤란성'을 중심으로 판단하되, '효과'를 고려하고 있다.[14] 후자는 '기술진보' 개념과 관련이 있다고 하겠다. 또한, 특허청의 심사기준도, 목적, 기술적 구성, 작용효과를 종합적으로 검토하되, 기술적 구성의 곤란성을 중심으로 목적의 특이성 및 효과의 현저성을 참작하여 종합적으로 진보성이 부정되는지 여부를 판단하도록 규정하고 있다.[15] 청구항에 기재된 발명의 기술적

---

have led one of ordinary skill to modify the prior art reference or to combine prior art reference teachings to arrive at the claimed invention.": Federal Register Vol.72, No.195, October 10, 2007, at 57529.

13) WIPO, Study on inventive step(SCP/22/3), 2015, p.4(주14): The Patents Act of India, in Section 2(1)(j)(a), states that an "inventive step" means a feature of an invention that involves technical advance as compared to the existing knowledge or having economic significance or both and that makes the invention not obvious to a person skilled in the art.

14) 대법원 2021. 4. 8. 선고 2019후10609 판결 [등록무효(특)] "특허발명의 진보성을 판단할 때에는 … 구성의 곤란성을 따져 보아야 하며, 이때 결합된 전체 구성으로서의 발명이 갖는 특유한 효과도 함께 고려하여야 한다. 선행발명으로부터 특허발명의 구성요소들이 쉽게 도출되는지를 판단할 때 발명의 효과를 참작할 필요가 있고, 발명의 효과가 선행발명에 비하여 현저하다면 구성의 곤란성을 추론하는 유력한 자료가 될 것이다. 나아가 구성의 곤란성 여부의 판단이 불분명한 경우라고 하더라도, 특허발명이 선행발명에 비하여 이질적이거나 양적으로 현저한 효과를 가지고 있다면 진보성이 부정되지 않는다."

구성에 의하여 발생되는 효과가 인용발명의 효과에 비하여 더 나은 효과를 갖는 경우에 그 효과는 진보성 인정에 긍정적으로 참작할 수 있도록 규정하고 있다.[16]

한편, 전 세계적으로 진보성에 대한 법적 규정은 질적 기준을 담은 개념(inventive step, non-obviousness)을 담고 있지만, 실무에서는 양적 기준(기술진보, 기술효과)이 적용되고 있다는 견해가 있다.[17] 발명단계(비자명성) 개념이 국제표준이 됨에 따라 이들 용어가 진보성 판단기준이 되었지만, 실제 적용은 양적 기준을 채택한 하이브리드 독트린이 작동하고 있다는 것이다.[18] 유럽 특허청의 'inventive step'과 미국의 'non-obviousness'의 진보성 법리는 차이가 있으며 전자는 효과 중심으로 판단하고, 후자는 구성 중심으로 판단해왔으나 미국도 2006년 연방대법원 판례(KSR)를 통해 유럽의 진보성 판단 논리에 접근해 가고 있다는 주장과 부합한다고 하겠다.[19]

2. 특허대상 판단에 있어서 '기술효과' 개념의 활용

특허법상 특허등록을 받기 위해서는 '발명'에 해당해야 하며, 그 의미를 규정하는 방식은 다양하다. '기술효과'라는 개념은 진보성과 관련해서는 기준 법리로서의 위상이 아니라 보조 기준으로 남아있음과 동시에 또 다른 등록 요건인 '발명'을 판단하는 기준으로서도 작동하게 되었다. 유럽특허조약은 과학이론 등 발명에서 제외되는 사항을 구체적으로 규정하고 있다.[20] EPO는 컴퓨터프로그램을 다루는 과정에서

---

15) 한국특허청, 특허 · 실용신안 심사기준 [2019.3.18. 개정], 3304.
16) 한국특허청, 특허 · 실용신안 심사기준 [2019.3.18. 개정], 3315.
17) L.W.P. Pessers, op. cit., pp.292-8.
18) Ibid., p.292.
19) 조영선, op. cit., 2010, pp.21-22.

'기술적 특성'이 있는지 여부로 동 조항에서 규정한 불특허사유를 판단하는 것이 타당하다고 판단하고, 이를 1985년 심사지침에 담았다.[21]

20) EPC Article 52 Patentable inventions (1) European patents shall be granted for any inventions, in all fields of technology, provided that they are new, involve an inventive step and are susceptible of industrial application. (2) The following in particular shall not be regarded as inventions within the meaning of paragraph 1: (a) discoveries, scientific theories and mathematical methods; (b) aesthetic creations; (c) schemes, rules and methods for performing mental acts, playing games or doing business, and programs for computers; (d) presentations of information.

21) Laura R. Ford, op. cit., p.103.

제 11 장

'기술진보'인가 '발명문턱'인가

1. '기술진보'와 '발명문턱' 개념의 비교
2. 두 개념의 정당화 논거
3. 두 개념의 적용 방식에 대한 논의: 선택적 vs 누적적
4. 두 개념의 변증법적 통합 사례: 중국
5. 실무적 차원에서의 세부 규칙의 중요성

'기술진보'인가 '발명문턱'인가

1. '기술진보'와 '발명문턱' 개념의 비교

전 세계적으로 우리 특허법상의 진보성 관련 개념은 다양한 용어가 사용되고 있지만, 그 개념은 '그 분야 통상자'가 '선행기술'로부터 출발하여 발명에 도달하는 것이 자명한지 여부로 특허등록여부 판단의 한 기준으로 삼는다는 점에서 통일화되었다고 할 수 있다. 여기서는 이를 나타내는 개념을 '발명문턱(Erfindungshöhe, erfinderische Tätigkeit, inventive step, non-obviousness)'으로 통칭하고자 한다.

그러나, 용어의 차이로 인해 이들 간에 개념의 차이도 있을 수 있다는 견해도 있다. 예를 들어 독일의 경우 '발명높이'라는 용어에 질적 기준 뿐만 아니라 양적 기준의 의미를 어느 정도 포함하고 있다는 것이다. 즉 독일 특허 관행에서 양적 요소는 발명높이에서의 '높이'라는 용어가 잣대의 개념을 전달하기 때문에 이러한 '발명높이' 요건에 내장되어 있다는 것이다.[1] 또한 'non-obvious'라는 용어는 그 분야 통

1) Wolfgang G. Fasse, op. cit., p.31.

상자의 정신적 과정(mental process)을 명시적으로 의미하는데 대해서, 'inventive step'과 독일의 'Fortschritt'와 'Erfindungshöhe'은 발명과 선행기술의 관계를 가리킨다는 주장도 있다.[2)]

'발명문턱'이라는 개념 가운데, 독일의 '발명높이'라는 용어를 사용하여 '기술진보'와 '발명문턱'의 개념을 비교하면 다음과 같다.

'기술진보'와 '발명높이'라는 개념의 큰 차이점은 기본적으로 용어자체의 의미에서 나타나고 있다.

첫째, '기술진보'는 '기술'을 중심으로 한 개념인 반면에, '발명높이'는 '발명'을 중심으로 한 개념으로 이와 관련된 '발명자'에도 관심을 가지고 있는 개념이다. 따라서 전자는 기술 그 자체의 가치, 즉 그 기술로 인해 새로운 효과가 창출되었는지, 공정이 더 효율적으로 되었는지, 가격이 절감되었는지 등 더 나은 기술인지가 가치판단에 있어서 중요한 기준이 된다. 반면에 후자는 발명 및 발명자의 활동, 즉 발명이라는 활동의 결과물인지 여부가 가치판단의 기준이 되며, 이는 일상적 노동자가 아닌 창의적 발명자의 활동이 포함되어 있는지에 대한 판단으로 이어진다고 하겠다.

둘째, '기술진보'는 발명의 결과물과 성과를 중시하는 기준이며 '발명높이'는 발명과정(발명활동의 어려움 도약, 통상의 기술자에게 비자명함)을 중시하는 기준이라고 할 수 있다.

셋째, '기술진보'는 '진보', 즉 과거보다 더 나아졌는가를[3)] 중심으로 한 개념인 반면에 '발명높이'는 '문턱', 즉 일정한 장애물을 뛰어넘었는지를 중심으로 한 개념이라고 할 수 있다. 진보의 경우에도 '점진적 진

---

2) Ove Granstrand, "Are we on our way in the new economy with optimal inventive steps", Economics, Law and Intellectual Property(Ove Granstrand editor), Kluwer Academic Publishers, 2003, p.237. "the term 'non-obvious' refers to a mental process of the person."

3) 박종무, 모든 생명은 서로 돕는다, 리수, 2014, p.110.

보'와 '비약적 진보'로 구분할 수 있다는 점에서 전자가 후자보다 낮은 수준을 요구하는 것은 아니지만, 일견 후자의 경우 '일정한 도약'을 요구하고 있다는 점이 의미에서 분명히 드러난다고 하겠다.

이러한 두 용어가 가지는 개념과 의미에 근거하여 '기술진보'를 '양적 기준'으로 보고, '발명문턱'을 '질적 기준'으로 분류하는 학자도 있다.[4] 전자가 기술 그 자체의 가치를 기준으로 판단하고 후자의 경우 '그 분야 통상자에게 자명한지 여부'를 기준으로 판단한다는 점에서 전자를 '기술적 기준', 후자는 '인적 기준'으로 분류할 수도 있다고 본다.

또한 '기술진보'는 결과물에, '발명문턱'은 과정과 이와 관련한 발명자의 인식에 중점을 두고 있다는 점도 두 개념이 가진 차이점이라고 하겠다.

한편, 1961년 발간된 논문은 독일에서의 '발명높이(Erfindungshöhe)'와 '진보(Fortschritt)'라는 개념을 다음과 같이 차별화하고 있다.: '발명높이(Erfindungshöhe)'라는 용어는 발명(Erfindung)이라는 기본 용어에 기초한다.[5] 발명높이(Erfindungshöhe)는 발명(Erfindung)의 특징으로 상상하는 것과 같은 비이성적인 차원이다. 이와는 대조적으로, 진보(Fortschritt)는 발명의 가능한 하나의 결과일 뿐이다. 예를 들어 진보(Fortschritt)는 일반적인 효율성의 개선으로, 동일한 노력으로 더 많은 이익을 창출하는 것이다. 모든 발명이 진보적인 것은 아니다(Nicht jede Erfindung ist fortschrittlich). 발명을 하는데 있어서 상당한 수준의 발명적 능력이 필요하더라도, 발명의 효과가 전혀 바람직하지 않게 나타날 수도 있다.[6]

---

4) L.W.P. Pessers, op. cit., p.289.

5) Hans-Waldemar, Zum Thema Erfindungshöhe, GRUR, 1961, p.377.

6) Ibid., "Selbst wenn ein beachtliches Maß erfinderischer Leistung erforderlich war, die Erfindung zu machen, kann sich beispielsweise ergeben, daß genau der gleiche erstrebte Effekt auf anderem, leichter begehbarem Weg

2. 두 개념의 정당화 논거

(1) 기준의 객관성

진보성 기준의 객관성과 관련해서 '기술진보'가 '발명높이'보다 객관적이라는 주장을 소개하면 다음과 같다.

'상당한 기술진보' 개념은 기술 분야에서 실제로 성취된 진보에 대한 평가를 한다는 점에서 가상의 숙련된 일꾼의 마음에 대한 심리적 탐구를 해야 하는 발명높이 개념보다 객관적인 기준이라고 할 수 있다.[7] 반면에, 발명높이 법리내의 '그 분야의 통상자'라는 개념은 유동적인 상상의 인물이기 때문에 객관적 기준이 되기에 한계가 있다.[8] 1932년에 학자 이세이(Hermann Isay)는 발명높이 기준이 종종 발명과 관련 없는 '영감의 섬광'의 존재와 같은 측면에 주의를 기울이고 있으나, 기술진보 기준은 '산업발전'이라는 객관적인 매개 변수로 측정할 수 있다고 보아 기술진보 기준을 지지하였다.[9] 또한 1958년 발간된 발명높이 개념에 대한 논문에서 판사(Heinz Winkler)도 동 분야 통상자의 비자명성 기준보다는 기술발전을 기준으로 했을 때가 더 객관적이었다고 말하고 있다.[10] '통상자(Durchschnittsfachmann)'와 '가까운(naheliegend)'이라는 당사자 간의 정신적 활동을 기준으로 판단하는 것보다, 사실적 관점에서 발명자의 성과에 주목하는 방법이 더 바람직하다는 것이다. 이 같은 주장은 발명의 기술적 가치를 객관적으로 평가할 수 있는 요소가 발명의 효과이기 때문에 진보성 판단 시 발명의 효

---

mit weniger Aufwand erzielbar ist oder daß der Effekt gar nicht erstrebenswert ist."

7) H.E. Potts (2), op. cit., p.118.

8) Wolfgang G. Fasse, op. cit., p.32.

9) L.W.P. Pessers, op. cit., p.200. 주755. Isay, Patentgesetz (1932) 65.

10) Heinz Winkler, op. cit., p.154.

과를 고려하는 것이 타당하다는 주장과 맥을 같이 한다.[11)]

기술진보가 객관적이라는 주장에 대해, 동 기준도 결국에 가서는 주관적 평가를 해야 하는 한계를 가지고 있다는 반론도 있다.

진보의 크기가 얼마나 커야지만 발명으로 인정받을 수 있는지를 판단해야 하기 때문에,[12)] 이 '기술진보' 기준도 결국에는 진보의 양에 대한 평가로 되돌아가야 한다는 주장이 있다.[13)] 가치에 대한 판단을 내리거나 기술적 증거를 통해 판사의 마음속에서 주관적인 평가를 다시 한번 해야 한다는 것이다. 일찍이 1890년 발간된 자료에는 상당한 진보의 영역을 어떻게 판단하느냐는 문제에 대해 경험이 풍부한 특허청 심사관의 가치판단(Werthbemessung)에 달려있다고 언급하고 있다.[14)] 이는 당시 실질적인 진보(substantial advance)를 상대적인 개념으로 보고 있었음을 말해준다. 1931년 법원 판사(Heinrich Krausse)도 '기술진보'와 '발명높이' 모두 가치 판단에 의해서만 설정될 수 있으므로 어떤 기준이 더 주관적이라고 할 수 없고, 따라서 이를 근거로 '발명높이'를 배제하는 것은 옳지 않다고 주장하였다.[15)] 두 기준의 근본적인 차이가 보장되지 않는다는 것이다. 특허 보호를 받기 위해 필요한 진보의 정도를 적절하게 정의하는 것이 가장 성가신 점이라는 견해도 있다.[16)] 1915년 독일 특허청도 "(기술진보에 대한) 객관적인 지침은 존재하지 않으며, 사법적 판단의 문제이다. 판사의 경험만이 자의성과 총체적인

---

11) 한동수, 발명의 효과와 진보성 판단, 객관적인 진보성 판단기준의 모색, 한국특허법학회 2010년 가을 세미나, 2010.10.16., p.2.

12) W. Cornish · D. Llewelyn · Aplin, op. cit., p.213.

13) H.E. Potts, op. cit., p.118.

14) Ibidi, p.117. Robolski,. Theorie und Praxis des deutschen Patentrechts, Berlin. 1890, p4.

15) L.W.P. Pessers, op. cit., p.199. 주752. H Krausse, Das Patentgesetz vom 7. April 1891(C Heymann, Berlin 1931) 26-27.

16) Jonathan J. Darrow, op. cit., p.231.

주관성을 배제할 수 있다."[17]고 하여 기술진보 기준의 객관성에 한계가 있음을 밝히고 있다.

이와 같이 개념 그 자체에 집중한다면 두 개념 모두가 객관적 기준이 되는데 한계가 있다는 공통점을 가지고 있으나, 기술진보의 대체 개념인 '새로운 결과'나 '새로운 효과', '현저한 효과'는 자명성보다 양적 판단의 여지가 높다는 점에서 기술진보가 더 객관적 기준으로 실무에서 작동할 여지가 크다고 하겠다. 앞서 살펴본 바와 같이 실제로 세계 각국의 실무에서 기술진보와 관련된 인자, 특히 '기술적 효과'가 비자명성을 입증하는 단서로 활용되고 있다.

(2) 특허제도 목적과의 정합성

1) 특허제도의 작동원리

특허법에서는 특허권을 재산권의 일종으로 보고 기본적으로는 물권(소유권)과 같은 권리로 설계하고 있다. 따라서 특허권은 일반적인 물권(소유권)의 경제적 작동 방식을 따르고 있다고 할 수 있다. 그러나 보호 대상의 특성이 물건과 다르다는 점에서 차이점도 나타난다. 이를 종합한 특허제도의 작동원리를 살펴보면 다음과 같다.[18]

가. 특허권의 재산권(소유권)으로서의 경제적 작동원리

재산권은 타인을 배제할 수 있는 권리와 재산을 타인에게 양도할 수 있는 권리 양자를 모두 포함한다.[19] 재산권 제도는 희소자원의 효

---

17) L.W.P. Pessers, op. cit., p.200. 주757. Patent Office decision of 27 March 1915, Patentblatt 1915, 246. Quote (in German) derived from Slopek, Die Ökonomie der Erfindungshöhe (2012) 96. See also Pagenberg, Die Bedeutung der Erfindungshöhe (1975) 126.

18) 이하 저자의 다음 책 일부를 수정하여 수록하였다. 윤권순 (4), 지식재산권법이란 무엇인가, 화산미디어, 2019, pp.26-28.

19) 윌리엄 랜디스・리처드 포스너(정갑주・정병석・정기화 옮김), 지식재산권법의 경제 구조, 일조각, 2011, p.22.

율적 생산과 이용·배분에 기여하여, 국가의 부를 증대시킨다.[20] 전자는 동태적, 후자는 정태적인 경제적 이익으로 지칭된다.[21]

자원의 창조·개선의 결과물을 재산권으로 인정해 준다면, 뿌린 것을 거둘 수 있기 때문에 생산적 자원에 대한 효율적인 투자를 유도할 것이다.[22] 이것이 동태적 이익이다. 이로 인해 교환행위가 성립하기 위한 기본적인 전제가 마련된다. 재산권 제도로 인해 협상과 거래를 통해 사유 재산은 그것에 가장 높은 가치를 부여하는 개인이 소유하고 소비하게 되고, 따라서 사회적 효율성은 극대화된다.[23] 이것이 정태적 이익이다. 자유시장체제에서는 거래를 통하여 그 재화를 가장 선호하는 사람에게 그 물건이 넘어가게 된다.

물권과 같은 재산권에 대한 경제적 분석은 무체재산권인 특허권에 대한 분석에도 어느 정도 활용될 수 있을 것이다. 지적 산물에 대한 재산권 보호는 창작활동에 인센티브로 작용하여 동태적 이익을 가져올 것이며, 특허권의 교환으로 인해 효율적 배분이 이루어져 정태적 효과도 가져올 수 있기 때문이다. 특허권과 관련해서는, 동태적 이익보다는 정태적 이익이 중요한 역할을 수행하고 있다는 평가가 있다.

나. 무체 재산권의 특성을 가진 특허권 고유의 경제적 작동 원리

경제적 효용에 기반한 정당화 이론은 보호대상이 이에 적합한 특성을 가지고 있음을 전제로 한다.

경제학 이론에 따르면, 빵과 같은 재화는 사적 재화(private goods)가 되기에 적합한 속성을 가진 반면에, 공기와 같은 재화는 공공재

---

20) Robert D. Cooter · Thomas Ulen(한순구 옮김), 법경제학, 경문사, 2008, p.89.
21) 윌리엄 랜디스 · 리처드 포스너(정갑주 · 정병석 · 정기화 옮김), op. cit., pp.23-24.
22) Ibid., p.24.
23) Robert D. Cooter · Thomas Ulen(한순구 옮김), op. cit., p.126.

(public goods)에 적합한 속성을 가지고 있다. 이를 가르는 기준으로 배제성(excludability)과 소비에 있어서의 경합성(rivalry in consumption)이라는 개념이 사용된다.[24] 배제성이란 사람들이 재화를 소비하는 것을 막을 수 있는 가능성을 말하며, 경합성이란 사람이 재화를 소비하는 경우 다른 사람의 소비가 제한되는 속성을 말한다. 내가 사용하면 다른 사람에게 돌아가는 양이 줄어드는지 여부로 경합성이 있는지 여부를 판단할 수 있을 것이다. 예컨대, 빵은 물리적 실체를 가지고 있으며, 점유할 수 있어서 배제성이 있다고 볼 수 있고, 한 사람이 빵을 먹으면 다른 사람이 먹을 수 있는 빵의 양이 제한되므로 경합성을 가진다. 따라서 사유 재산권으로 보호 받기에 적합할 것이다. 그러나 공기의 경우 눈에 보이지 않고 점유하기 어려워 배제성이 없다고 볼 수 있고 통상의 경우 한 사람이 공기를 마셔도 다른 사람의 소비를 제한하지 않으므로 경합성도 없다고 하겠다. 따라서 공기를 사유 재산권으로 보호해 주기보다는 공공재로 남겨 두는 것이 타당할 것이다.

그런데 특허권의 대상인 발명은 '무형의 것'이 사유 재산권으로 보호 받기에 적합한 속성을 가지는 데 한계가 있다.[25] 예컨대, 발명은 물리적 점유가 가능하지 않아서 다른 사람이 이를 사용하는 것을 막기가 어렵고, 한 사람이 발명을 실시해서 물건을 생산해도 다른 사람이 발명을 이용하는 것을 제한하지 않는다는 점에서 비배제성(non-excludability)과 비경합성(non-rivalry in consumption)을 가진다. 따라서 이를 사유 재산권으로 보호하는 것은 적합하지 않은 측면이 있다.

---

24) N. Gregory Mankiw(김경환 · 김종석 옮김), 맨큐의 경제학(4판), 교보문고, 2007, p.262.

25) 전통적으로 경제학 문헌들은 지식을 한 사람의 이용이 다른 사람의 사용에 배제적 효과를 유발하지 않고, 모든 사람들이 이용할 수 있는 공공재(public good)의 대표적 사례로 제시했다.: 엘리너 오스트롬 외(김민주 · 송희령 옮김), 지식의 공유, 타임북스, 2010, p.33.

비경합성을 가진 재화는 사유 재산권으로 보호하기보다는 누구나 사용하도록 하는 것이 사회적 효용성을 높이는 방법이라고 하겠다. 또한 인위적으로 법률에 의해 배제성을 부여한다고 해도 이를 집행하는 데 커다란 사회적 비용이 들어갈 것이다. 로마법상 점유할 수 없는 대상에 대한 소유권 개념은 상상할 수 없는데, 이는 점유할 수 없는 것에 대해 배타적 권리를 부여해도 어차피 현실에서 작성하기 어렵다는 것과 관련이 있을 것이다. 로마에서는 점유권이라는 개념이 소유권에 선행하였고, 후자는 전자를 위해 생겨난 개념이라는 견해가 있을 정도로 로마인에게 점유는 법적으로 중요한 의미를 가졌다.

이와 같이 특허권의 보호대상인 발명이 가지는 비배제성과 비경합성으로 인해, 특허권이 경제적으로 잘 작동하는 것에는 일정한 한계가 있다. 특허권의 법률의 구조는 일정 부분 이를 반영하고 있다. 즉 권리를 명확히 하여 배제성을 높이고, 비경합성이라는 보호대상의 특성을 감안하여 퍼블릭도메인의 영역을 넓히는 조항들이 산재해 있다. 예컨대 배제 가능성을 높이기 위해 '청구항'이라는 개념으로 특허권의 권리범위를 명확히 하고자 하며, 비경합성을 의식해서 학문 연구를 위한 특허발명의 실시를 특허권의 효력에서 제외하고 있다. 민법에서의 물권 조문보다 특허권 법률 조문이 보여주는 복잡성은 바로 무체라는 보호대상의 속성에서 비롯된 것이라 하겠다.

특허법은 고유의 특성을 가지고 있고, 특허법의 각 조문은 이를 반영하여 설계된 측면이 강하다.

2) 특허제도의 목적과 수단

우리 특허법은 제1조에서 특허법의 목적을 다음과 같이 명시하고 있다.: "이 법은 발명을 보호·장려하고 그 이용을 도모함으로써 기술의 발전을 촉진하여 산업발전에 이바지함을 목적으로 한다."

따라서 우리 특허법은 직접적으로는 기술발전, 궁극적으로는 산업발전에 기여함을 목적으로 한다. 또한 이를 위한 수단으로 '발명 보호·장려'와 '발명의 이용 도모'를 두 축으로 하고 있다. 여기서 발명이용 도모란 앞서 언급한 특허권의 소비에 있어서의 비경합성이라는 특성을 반영한 조문으로 특허권자뿐만 아니라 제3자도 특허발명의 이용도 어느 정도 원활하게 하도록 하고 있다.

이와 같이 특허법은 기술발전을 목적으로 하고 있으나 이를 달성하기 위한 수단으로 각 조항이 구성되어 있다고 할 수 있고, 앞서 소개한 경제적 작동원리가 전체적으로 반영되어 있다고 하겠다.

3) 특허제도 목적과 진보성 개념의 정합성

한국 특허법은 특허법의 목적을 '기술발전' 촉진으로 명시하고 있다. 미국의 경우 헌법의 특허법 관련 조항에 "의회는 저자와 발명자에게 저작물과 발명에 대한 한정된 기간의 배타적 권리를 보장함으로써, 과학과 유용한 기술의 진보를 촉진시키는 권한을 가진다."라고 규정하고 있다.[26] 또한 1790년 제정 특허법의 명칭은 '유용한 기술의 진보를 촉진시키기 위한' 법률이다.[27]

특허법의 목적이 '기술진보'를 촉진하고자 한다는데 근거하여 진보성 개념 가운데 '기술진보'가 '발명높이'보다 정당하다는 주장이 적지 않다. 1911년 독일 학자 이세이(Hermann Isay)는 '발명높이'는 특허법의 목적인 기술진보에 기여하지 못할 수 있다는 점에서 발명요건이 되

26) 미국 헌법 제1조 제1항 Article I. Section 8. "The Congress shall have power to … To promote the progress of science and useful arts, by securing for limited times to authors and inventors the exclusive right to their respective writings and discoveries;".

27) Patent Act of 1790, Ch. 7, 1 Stat. 109-112 (April 10, 1790) The First United States Patent Statute CHAP. VII. -An Act to promote the progress of useful Arts.(a)

기는 부적절한 측면이 있다고 판단하였다.[28] 특허를 보호하는 전반적인 목적이 기술진보를 촉진하는데 있다고 하면서, 기술적·경제적 근거를 가진 '기술진보'라는 용어를 지지하는 견해도 있다.[29] 산업발전에 이바지할 수 있는 기술발전을 촉진한다고 하는 한국 특허법의 목적에 비추어 볼 때 발명은 진보한 것이어야 한다는 특허요건이 요구된다는 주장도 있다.[30] 특허제도의 본질이 기술적 진전을 통해서 공동체의 복지에 기여한 발명에 대가와 인센티브를 주는 것이라는 점에서 진보성 판단은 발명이 이룩한 기술적 효과에 대한 평가가 핵심이 되어야 한다는 주장도 같은 맥락이라고 하겠다.[31] 또한 미국 특허시스템이 기반을 두고 있는 헌법 조항에서 진보를 가져오지 않는 발명은 특허를 받아서는 안 된다고 규정하고 있기 때문에 기술진보 개념을 미국 특허시스템에 넣는 것은 별도의 입법이 요구되지 않는다고 보기도 한다.[32]

우리나라 심사기준도 진보성이 없는 발명에 대하여 특허를 부여하지 않도록 한 이유는 기술적 효과에 있어서 더 나아진 것이 없는 기술에 대하여 특허권을 부여하는 것은 기술의 발달에 공헌한 자에 대하여 그 공개의 대가로 독점배타권을 부여하는 특허제도의 취지와도 맞지 않다고 하여 특허제도의 목적과 진보성 판단의 기준을 직접 연결하고 있다.[33]

---

28) H. Bartels, op. cit., p.286. Patentgesetz, 2. Aufl., 1911, S. 48.

29) 그러면서도, 특허제도의 목적이 기술진보에 있다는 철학이 오늘날 더 이상 받아들여지고 있는 통념이 아니라고 지적하고 있다. Beier, op. cit., p.313.

30) 한동수, op. cit., p.1.

31) 조영선, op. cit., p.97.

32) Wolfgang G. Fasse, op. cit., p.35.

33) 한국특허청, 특허·실용신안 심사기준 [2019.3.18. 개정] 제3장 진보성 [3301] 2. 특허법 제29조제2항의 취지 "특허법 제29조제2항에서 진보성이 없는 발명에 대하여 특허를 부여하지 않도록 한 이유는 종래기술과 동일하지만 않을 뿐 기술적 효과에 있어서 더 나아진 것이 없거나 개선의 정도가 미미한 기술에 대하여 특허권을 부여하는 것은 기술의 발달에 공헌한 자에 대하여 그 공개의 대가로 독점배

한편, 미국의 '새로운 결과'라는 법리는 독일의 '기술진보'라는 기준과 공통점을 가지고 있으나, 후자의 용어는 미국 판례에서는 거의 나타나지 않고 있다. 드물게 1883년 연방대법원 판례(Atlantic Works v. Brady)는 다음과 같이 특허법의 목적을 기술진보와 관련짓고 있다.[34]: "특허법의 설계는 우리의 지식을 더하고 유용한 기술에서 한 걸음 앞서가는(a step in advance in the useful arts) 실질적인 발견이나 발명을 한 사람들에게 보상하기 위한 것이다. 그런 발명가들은 모든 호의를 받을 만하다. 모든 사소한 장치, 아이디어의 그늘에 대한 독점을 허가하는 것은 그러한 법들의 목적이 결코 아니었는데, 이것은 제조의 일상적인 진행에서 어떤 숙련된 기계공이나 운영자에게도 자연스럽고 자발적으로 일어날 것이다. 이처럼 무분별한 독점적 특권 창출은 발명을 자극하기보다는 오히려 방해하려는 경향이 있다." 이 판결을 두고 '기술진보'의 개념을 명확히 인정했다는 주장도 있으나,[35] 자세히 들여다보면, 특허법의 목적을 기술진보와 연계한 것은 분명하지만, 이를 달

타권을 부여하는 특허제도의 취지와도 맞지 않게 될 뿐만 아니라 이러한 특허권에 의해 제3자의 기술 실시가 제한됨으로써 산업발전에 기여하고자 하는 특허제도의 목적에 오히려 반하기 때문이다. (참고) '진보성'이란 용어는 특허법 상 명문으로 규정되어 있지 않으나, 특허법 제29조제1항 각 호의1에 규정된 발명에 의하여 그 발명이 속하는 기술분야에서 통상의 지식을 가진 자가 쉽게 발명할 수 있는 발명을 진보성이 없는 발명이라 하며 그러하지 아니한 발명을 진보성이 있는 발명이라 한다."

34) Atlantic Works v. Brady 107 U.S. 200 (1883). "The design of the patent laws is to reward those who make some substantial discovery or invention which adds to our knowledge and makes a step in advance in the useful arts. Such inventors are worthy of all favor. It was never the object of those laws to grant a monopoly for every trifling device, every shadow of a shade of an idea, which would naturally and spontaneously occur to any skilled mechanic or operator in the ordinary progress of manufactures. Such an indiscriminate creation of exclusive privileges tends rather to obstruct than to stimulate invention."

35) Wolfgang G. Fasse, op. cit., p.35.

성하기 위해서는 자연스럽게 발생하는, 즉 자명한 발명에 대해서는 특허권을 부여하지 말아야 한다고 결론을 짓고 있다는 점에서 비자명성 법리 또는 발명높이 법리를 정당화해 주는 판결로도 볼 수 있다.

이와 같이 특허법의 목적을 기술진보로 보고, 따라서 '기술진보' 개념과 용어가 '발명높이'에 비해 적절하다는 견해가 다수 있다. 기술진보라는 요건은 특허보호의 목적으로부터 비교적 쉽게 이끌어 낼 수 있다.[36)]

그러나 발명의 목적에 있는 '기술발전'이라는 개념과 특허요건으로서의 '진보성'이라는 개념은 별개의 독자적인 개념이다. 특허법의 목적과 이를 달성할 수단은 별개의 개념이며, 다를 수 있다는 점에서 이러한 주장은 논리적 비약이라고 하겠다. 1905년 독일에서 '발명높이'라는 개념을 주장한 학자 워스(Wirth)는 특허법이 산업 육성에 기여한다는 것을 전제로 하고 있기 때문에, 진보적 혁신에만 특허 보호를 해야 한다고 결론을 내리는 것은 타당하지 않다고 비판하였다.[37)] 이 추론은 특허 보호의 목적만을 일방적으로 고려하고, 이를 위해 필요한 도구는 고려하지 않는 잘못을 범했다는 것이다.

특허법의 목적은 한 조항만으로 달성되는 것이 아니라 특허법 전체적인 구조와 경제적 작동원리, 다수의 법률 조항이 어우러져 나타난다. '기술진보'는 특허법 전체가 추구하는 목표이며, 사회전체의 '기술적 진보'를 추구한다고 해서 '기술진보'라는 속성을 가진 발명을 보호해야 한다는 것은 아니고, '예측 불허의 기술'만을 보호함으로써, 법 전체의 목적을 달성할 수도 있다고 하겠다.

---

36) Rebekka Übler, op. cit., p.96.
37) Ibid., p.88. 주41. Wirth. in. Mitt. 1905. S. 96 f.

(3) 등록특허 수준 설정의 타당성

'기술진보'와 '발명높이'라는 개념 가운데 어떤 것이 더 충족하기 까다로운 방식인지와, 불필요한 특허권 부여를 차단할 수 있는지에 대한 논의가 있다.

우선 독일에서 태동한 '기술진보'라는 개념은 제2차 산업혁명의 독일식 모델, 즉 집단적 산업노동자와 대기업에 의해 만들어진 점진적 기술진보를 보호하는 측면이 있었다. '발명높이'보다는 특허요건이 까다롭지 않다는 입장이 이를 뒷받침 하고 있다. 예컨대, 1929년 발표된 논문에서 당시 현직 독일 판사는 '기술높이' 요건이 마땅히 받아야 할 관심을 더 적게 받고 있으며, 특히 특허청은 정도가 더하다고 하면서 그 결과 특허권이 너무 쉽게 부여되는 경우가 많다고 보고 있다. 이는 산업계와 독일 특허의 가치에 부정적 영향을 미친다고 비판하고 있다.[38]

이와는 대조적으로 독일이 1891년 실용신안 제도를 만들어서 수준이 높지 않은 발명에 대해서 별도의 독점권을 부여했다는 점과 당시 독일의 '기술진보' 기준이 낮지 않았다는 점을 관련짓는 주장도 있다.[39] 1889년 독일대법원은 자명하더라도 기술진보를 가져다주는 기술효과를 가지고 있는 발명이 특허를 받을 자격이 있다고 판단하였지만, 당시 '기술진보' 기준은 영국의 '비자명성' 기준보다 엄격했다고 보는 시각도 있다.[40] 즉 '기술진보' 요건을 만족하기 위해서는 보호를 받을 만한 중요한 가르침이 있어야 했다는 것이다.[41] 다만, 이 기준은 1935

38) L.W.P. Pessers, op. cit., p.199. 주751. Pietzcker, Patentgesetz (1929) 54.
39) David L. Cohen, op. cit., p.1108.
40) Ibid.
41) Ibid., 주161. See Hanns Ullrich, Standards of Patentability For European Inventions: Should an inventive step advance the art? 28(1977), at 12-18.

년에 '유용한 기술의 풍부함(enrichment of the useful arts)' 기준으로 낮아졌다고 한다.[42]

한편, 1959년 독일 특허청이 발명높이 기준을 받아들인 직후에 작성된 1962년 논문은, 독일에서 '기술진보' 개념이 개발되었으며, 동 개념을 미국 특허시스템의 비자명성 기준에 덧붙여서 추가한다면 미국 특허의 가치를 향상시키고 비자명성 개념을 명확하게 할 수 있다는 견해가 있다.[43] 발명이 기술을 풍부하게 하거나, 다시 말해서, 선행기술에 대한 기술적 진보를 만들어 내야 한다는 독일의 '기술진보' 요건은 너무 많은 가치 없는 특허의 부여를 막는 추가적인 장벽으로 작동하고 있으며,[44] 독점권 부여를 정당화하지 않는 특허의 수를 줄이고 특허가치를 높이기 위해 미국 특허시스템에 '기술진보' 요건을 확립하는 것이 필요하다는 것이다.[45] 작고 보잘것없는 발명을 제한하고 더 높은 수준의 발명을 요구함으로써 미국 특허가치를 어느 정도 향상시킬 것이라는 주장이다.[46]

기술진보 기준과 발명높이 기준은 판단의 방식이 다르다는 차이가 있으며 어떤 방식이 더 까다로운지를 말해주지 않는다. 실제로 실무에서도 공간과 시간에 따라 다양한 모습으로 나타나고 있다. 예컨대 미국의 마르코니 판결은 다수 의견이 '새로운 결과'가 없다는 이유로 특허의 유효성을 부정하고 있으나, 소수 의견은 '비자명성'을 이유로 유효하다고 판단하고 있다. 이 경우 기술진보가 발명높이보다 더 까다롭다고 평가될 수 있으나, 엄밀한 말하면 판단기준이 다름을 나타내고 있다.

42) Ibid., 주162. See Hanns Ullrich, at 20.
43) Wolfgang G. Fasse, op. cit., p.27.
44) Ibid., p.34.
45) Ibid., p.35.
46) Ibid., p.37.

(4) 기준의 국제성

1929년 한 독일 판사(Pietzcker)는 발명높이 방식이 프랑스를 제외한 모든 중요한 선진국의 관행과 일치한다고 강조하고 있다.[47] 그는 당시 질적 기준(발명높이)이 대부분의 관할권에서 실제로 강력한 지위를 차지하고 있다고 판단하고 있다.[48] 그가 '발명높이'라는 요건의 개념이 당시 미국 판례에서 확립한 '비자명성'이라는 요건의 개념과 일맥상통한다고 판단하고 있음을 알 수 있다.

오늘날 전 세계적으로 진보성 개념을 나타내는 용어는 다르지만, 그 내용은 '발명높이', 즉 비자명성 기준으로 통일화되어 있다. 따라서 기준의 국제성을 놓고 보면 '발명높이' 개념이 우위를 차지하고 있음에 틀림없다.

3. 두 개념의 적용 방식에 대한 논의: 선택적 vs 누적적

독일에서는 발명높이 개념이 등장했을 무렵 '기술진보'와 '발명높이' 기준을 모두 만족할 경우에만 특허를 주어야 하는지, 아니면 둘 중 하나만 만족해도 되는지에 대한 논의가 있었다. 즉, '발명적 성과(erfinderische Leistung)'만으로 특허요건을 갖추는지, 아니면 '진보적 효과(fortschrittlichen Wirkung)'가 함께 있어야지만 되는지에 대해서는 의견이 분분했다.[49]

일부 학자(Wirth와 Isay)는 발명적 성과로 충분하다고 판단했으나, 다른 학자(Albert Osterrieth)는 객관적인 진보성(Fortschritt)과 주관적인 창조적 활동(schöpferische Tätigkeit) 모두를 만족해야 한다고 판단했다.

---

47) L.W.P. Pessers, op. cit., p.199. 주750. Pietzcker, Patentgesetz (1929) 54.
48) Ibid., p.199.
49) Rebekka Übler, op. cit., p.96.

워스(Wirth)가 발명높이에 대한 실험적 제안을 한 지 2년 후인 1908년 다른 저자(Osterrieth)는 워스가 제시한 시스템에 대한 논문을 발표하게 된다.[50] 그는 특허 적격성에 대한 두 가지 매개 변수가 있다고 생각했다.[51] '기술적 또는 상업적인 진보(technischer oder gewerblicher Fortschritt)'라는 객관적 기준과 발명가의 '창조적 활동(schöpferische Tätigkeit)'으로 주관적인 기준이 그것이다.[52] 그는 혁신의 특허성을 입증하기 위해서는 두 기준 가운데 하나만 선택하는 것이 아니라 두 기준이 모두 고려되어야 한다고 보았다.[53] 진보와 발명적 성과(erfinderische Leistung)를 모두 만족할 때 기술적 혁신은 보호될 가치가 있다는 것이다. 두 요건 사이의 상호관계를 다음과 같이 고려했다: "기술적 또는 상업적 효과가 조금만 있을 경우, 창조적(schöpferischen) 활동의 강도, 어려움 극복으로 발명의 존재를 정당화시킬 수 있다. … 반대로, 창조적 활동 수준이 낮더라도 상당한 기술적 또는 상업적 진보가 있는 경우 발명으로 인정받기 충분하다."[54]

한편, 또 다른 학자 이세이(Isay)는 그의 특허법 해설 제5판(1931년)

---

50) Ibid., p.95. GRUR(der Zeitschrift für gewerblichen Rechtsschutz und Urheberrecht)의 공동편집자(Albert Osterrieth)가 1908년 논문을 발표하였다.

51) Ibid.

52) Ibid., 주82. Zum Folgenden Osterrieth, Gewerblicher Rechtsschutz. S. 69 ff.

53) Ibid., 주83. Ähnlich auch Gleichen, in: GRUR 1911, S. 185 f. Seiner Ansicht nach war zwar der Fortschritt das wichtigste Merkmal der Patentfähigkeit, darüber hinaus sei jedoch notwendig, dass die Erfindung außerhalb der Sphäre der technischen Verwandtschaften liegt. Letzteres sei dann der Fall, wenn die Erfindung nicht so nahe liege, dass sie ohne erfinderische Intuition erfasst werden könnte. Zwei Erfordernisse der Patentwürdigkeit stellte Schanze, in: Glasers Annalen 61 (1907), S. 219 ff, auf: "Phantasieschöpfung und Fortschritt". Später qualifizierte Schanze, in: GRUR 1911. S. 280. "sein" Merkmal der Eigenart in zweifacher Hinsicht: überdurchschnittliche, überraschende Maßnahme und fortschrittliche Wirkung.

54) Ibid., p.96.

에서 '둘 중 하나' 이론을 지지했다.[55] 그의 의견으로는 발명의 가치는 지적 성취(the intellectual accomplishment)와 성공에 있을 수 있다. 만약 그 발명의 가치가 그것의 성공만으로 정당화된다면, 즉 기술의 중요한 진보(important advance in the art)를 의미한다면, 지적 노력(the intellectual effort)이 발명적 가치(inventive value)를 가지고 있는지에 대한 질문은 제기될 필요가 없다. 오직 의심스러운 진보의 경우에 한해서 지적 노력이 고려되어야 한다. '둘 중 하나' 의견은 독일에서 채택되지 않았다.

또 다른 학자 바이아(Beier)는 기술진보에 관련 없이 '발명높이'만으로 진보성을 결정하는 방식에 동의할 수 없다는 견해를 1965년 발표된 논문에서 주장하였다.[56] 두 기준 가운데 하나만 만족하더라도 특허를 부여하는 모델을 가장 최선의 것으로 제안하고 있다.[57] 즉 자명하지 않은, 어려운 발명과 유리하고 개선된 발명이라는 기준을 둘 다 충족시키거나 아니면 둘 중 하나만 충족되더라도, 이는 기술개발을 촉진시키는 것이고 따라서 특허를 받을 자격이 있다는 것이다. 상당한 기술적, 경제적 진보(significant technical and economic advance)가 있을 경우에는 발명이 '발명활동'에 바탕을 두고 있다고 가정하는 것이 타당하다고 보았다.[58]

55) Friedrich-Karl Beier, op. cit., p.321. 주62. Hermann Isay, "Patentgesetz und Gesetz betreffend den Schutz von Gebrauchsmustern" annot. 26 et seq. to Sec. 1 Patent Act (5th ed., Berlin, 1931).

56) Ibid., p.323.

57) Ibid., p.320.

58) Friedrich-Karl Beier, op. cit., p.323.

4. 두 개념의 변증법적 통합 사례: 중국

중국 특허법은 진보성 개념을 '創造性'이라는 용어를 사용하여 표현하고 있으며, '創造性'을 현존기술과 비교하여 그 발명이 '돌출한 실질적 특징'과 '현저한 진보'를 구비하고 있는 것으로 정의하고 있다.[59] 또한 특허심사지침은 '돌출한 실질적 특징(突出的實質性特点)'과 '현저한 진보(顯著的進步)'를 다음과 같이 정의하고 있다.:[60] '실질적 특징(突出的實質性特点)'이란 '해당 기술분야의 기술자에게 있어서, 발명이 선행기술에 비하여 용이하지 아니한 것'이라고 정의하고 있다. '현저한 진보(顯著的進步)'는 그 발명이 가장 근접한 선행기술에 비하여 유익한 기술효과를 생산할 수 있는 것을 가리키며, 예를 들면, 발명이 선행기

59) 中華人民共和國專利法(2020년 개정) 第二條 本法所称的發明創造是指發明, 實用新型和外觀設計. 第二十二條 授予專利權的發明和實用新型, 應当具備新穎性、創造性和實用性. … 創造性, 是指与現有技術相比, 該發明具有突出的實質性特点和顯著的進步, 該實用新型具有實質性特点和進步. …; 제22조 ① 특허권을 수여하는 발명과 실용신안은 신규성·창조성 및 실용성을 구비해야 한다. ③ 창조성이란 현존기술과 비교하여 그 발명은 돌출한 실질적 특징과 현저한 진보를 구비하고 … 있는 것을 말한다. 번역출처. 정덕배·최정(옮김), 중국 지식재산권 관련 법령 및 규정집, KOTRA, 2010.2.

60) 중국 <전리심사지침> (2019.11.1.시행)의 번역본은 다음 출처 참고. 칭다오 대한민국 총영사관, 2019.11.11. <https://overseas.mofa.go.kr/cn-qingdao-ko/brd/m_1417/view.do?seq=1346864>. 중국심사지침. p.145. "[2. 진보성의 개념] 발명의 진보성은 선행 기술에 비하여 그 발명이 특출한 실질적 특징과 명백한 진보가 있는 것을 가리킨다. … [2.2 특출한 실질적 특징] 발명이 특출한 실질적 특징이 있다고 하는 것은 해당 기술분야의 기술자에게 있어서, 발명이 선행기술에 비하여 용이하지 아니한 것을 가리킨다. 만약 발명이 해당분야의 기술자가 선행기술을 기초로 단지 논리적 분석, 추리 또는 일정한 실험을 통하여 획득할 수 있다면 그 발명은 용이한 것이며 특출한 실질적 특징을 구비하는 것도 아니다. [2.3 명백한 진보] 발명이 명백한 진보가 있다고 하는 것은 그 발명이 가장 근접한 선행기술에 비하여 유익한 기술효과를 생산할 수 있는 것을 가리킨다. 예를 들면, 발명이 선행기술에 존재하는 결점 및 부족을 극복하였거나, 어떠한 기술과제를 해결하기 위하여 다른 개념의 기술방안을 제공하거나, 어떠한 새로운 기술발전추세를 나타낸 것을 말한다."

술에 존재하는 결점 및 부족을 극복하였거나, 어떠한 기술과제를 해결하기 위하여 다른 개념의 기술방안을 제공하거나, 어떠한 새로운 기술발전추세를 나타낸 것을 말한다.

이에 따르면, 중국은 '발명문턱'과 '기술진보(효과)'를 모두 만족하도록 규정하고 있고, 이를 포괄하는 용어로서 '創造性'이라는 용어를 만들고 있다. 新規性이라는 용어를 그대로 사용하고 있는 것과는 대조적이다.

이와 같이 중국은 특허법 제정의 후발주자로서 유례없는 개념과 용어를 창작하여 적용하고 있다고 평가되며, 매우 주목할 만한 입법적 실험을 하고 있다고 판단된다. 이는 서구 학자의 제안과 일치한다.[61)]

5. 실무적 차원에서의 세부 규칙의 중요성

'기술진보'나 '발명높이'라는 개념은 특허받을 자격이 있는 발명과 그렇지 않은 발명을 구분하는 것이 필요하다는 점에서 의미가 있다. 미국의 경우 '발명문턱' 개념의 일종인 '비자명성'이라는 개념이 1952년 특허법 제103조 규정에 담기기 전까지, '새로운 결과', '일정한 재능의 발휘', '비자명성' 등과 같은 다양한 개념이 '발명 독트린'이라는 상위 개념 하에서 경쟁하는 역동적인 변화의 모습을 보여주고 있었다.

그러나 이들 개념은 상당히 추상적이어서 실제 사건에 적용하기에는 일정한 한계가 있다. 독일이 단순한 개량과 발명을 구분하는 것에 대해 이론적으로 정의를 내릴 수는 없으나 실무적으로는 유용한 개념이라고 보고 있다는 견해도[62)] 같은 맥락이라고 하겠다. 미국의 19세기 판례에서도 '발명'의 구체적 기준을 만드는 것은 특허 사건에서 가장

61) Wolfgang G. Fasse, op. cit., p.27.
62) H.E. Potts (1), op. cit., p.629.

어려운 영역이며, 실질적으로 적용하는 보편적 기준을 만드는 것은 거의 불가능하다는 인식이 종종 나타났다. 예컨대, 1867년 판결에서 연방지방법원은 독창적 사고의 산물인 발명과 단지 자명한 변화를 명확하게 구분하는 것이 어렵다고 기술하고 있다.[63] 1877년 판례도 법원은 무엇이 발명인가를 결정하는 것은 특허사건에서 가장 어려운 작업으로서, 발명가의 작업과 건설자(the constructor)의 작업 사이에 명확히 선을 긋는 것은 어렵다고 하고 있다.[64]

따라서 이들 개념의 존재를 드러내 주는 하위 세부규칙이 실무상으로 중요한 역할을 하게 된다. '기술진보', '발명단계', '발명높이', '비자명성' 등과 같은 추상적이고 모호한 법리는 실제로는 이러한 구체적인 기준에 의해 작동하는 것처럼 보인다.

특히 미국의 경우 이른 시기에 이러한 세부 규칙을 발굴하여 지속적으로 사용하고 있는 것으로 나타나고 있다. 예컨대 1876년 연방대법원 판례는 오래된 수요와 실패한 이전의 시도, 특허 이후의 상업적 성공의 존재는 발명이 있었는지의 의구심을 해소하도록 허용되었다.[65] 동 판례는 연방대법원에서 최초로 소위 '이차적 고려'를 인정한 판례로 알려져 있다.[66] 미국의 진보성 관련 판례를 보면 추상적인 개념과 법

63) Kirby v. Beardsley, Circuit Court, N.D. New York. September 14, 1867 5 Blatchf. 438 14F.Cas. 654, 660 "I am well aware, that it is often no easy task to draw the true line of distinction between invention, the product of original thought, and mere obvious manual changes, …."

64) Pearl v. Ocean Mills, Circuit Court, D. Massachusetts.January 1, 1877 2 Ban. & A. 469 19 F.Cas. 56, 59.

65) Frank D. Prager, Standards of Patentable Invention, The University of Chicago Law Review, vol.20 no.1, 1952, p.79. Smith v. Goodyear Dental Vulcanite Co. 93 U.S. 486 (1876).

66) George M. Sirilla · Honorable Giles S. Rich, 35 U.S.C. 103: From Hotchkiss To Hand to Rich, The Obvious Patent Law Hall-of-Famers, J. Marshall L. Rev., vol.32, 1999, p.463.

리가 가지는 한계가 잘 드러나고 있고, 구체적 상황에 따른 구체적 기준이 더 중요한 역할을 하는 경우도 적지 않게 발견된다.[67]

이에 따라 미국에서 발명의 정의에 대한 추상적 개념의 변화(예컨대, 일정한 재능의 투입 또는 비자명성)가 있어 왔지만 이러한 세부적인 규칙들이 법을 안정화시켜서 이러한 변화에 따른 효과가 상대적으로 적었다는 평가가 있다.[68]

미국의 경험과 관련한 이러한 주장은 '기술진보'와 '발명높이'라는 개념상의 커다란 차이는 실무적으로 크지 않을 가능성을 말해주고 있다. 이러한 맥락에서 실무차원에선 진보성 기준을 적용할 상세한 가이드라인이 결정적인 역할을 수행할 수 있다고 하겠다. 전 세계적으로 이와 관련된 상세한 가이드라인을 지속적으로 개선하고 있다. 비자명성 개념의 진화 과정은 판례와 축적의 힘을 보여주고 있다. 여기서 경험, 구체성, 판례법 체계의 강점이 강하게 드러난다.

---

67) Frank D. Prager, op. cit., p.80.
68) Ibid., pp.79-81.

제 12 장

용어의 왜곡: 일본

1. 일본 사회에서 '진보성' 용어의 등장
2. 특허법상 진보성 개념의 등장: 왜곡된 용어의 등장
3. 독일 특허시스템이 일본의 '진보성' 용어 도입에 미친 영향
4. 일본 특허법상 새로운 용어(容易想到性)의 등장
5. 일본의 진보성 용어가 대만에 미친 영향

용어의 왜곡: 일본

1. 일본 사회에서 '진보성' 용어의 등장

일본 국회도서관의 데이터베이스를 검색해 보면 '發明'은 1609년, '財産'은 1657년부터 자료가 나타난다. 이는 수록된 자료가 최소한 17세기 초까지 거슬러 올라감을 알 수 있다. 여기서 '進步性'을 검색어로 조사하면, 1906년부터 자료가 나타나기 시작한다.[1] 이는 일본 사회에서 '進步性'이라는 용어가 20세기 초부터 본격적으로 사용되는 비교적 새로운 용어라는 점을 알 수 있다.

검색된 자료 가운데, 1906년에서 1954년까지 '進步性'이라는 용어는 특허법상의 '進步性'이라는 맥락에서 사용되지 않고 있으며, 일반적인 '進步'라는 용어에 성질을 의미하는 접미사 '性'이 합쳐져서 진보라는 성질을 지닌 것을 의미하는 맥락에서 사용되었다. 그 사례를 들면 다

1) https://dl.ndl.go.jp/National Diet Digital Collection(國立國會図書館デジタルコレクション)에서 검색할 수도 있고, 國立國會図書館サーチ」, <https://iss.ndl.go.jp/>에서 검색할 수도 있으나, 결과는 거의 같으며, 전자의 경우 검색어 있는 문장을 직접 보여준다는 점에서 편리한 측면이 있다. 이 책은 후자를 검색하였다. 「國立國會図書館サーチ」, <https://iss.ndl.go.jp/> [2021.5.1. 기준]

음과 같다.: 1906년에는 단행본에 '인류의 進步性'이라는 어구가 등장한다.[2)] 1912년에는 '질서 있는 進步性'이라는 글이 잡지에 실려 있다.[3)] 1930년 발간된 책에서는 '現代新聞進步性의 限界'라는 제목의 글이 실려 있다.[4)] 1931년 발간된 책에는 '상법의 진보성'이라는 문구가 등장한다.[5)] 1933년에는 '독일 고전철학의 進步性'이라는 제목의 독일어 저서가 번역되어 출판된다.[6)] 1934년 발간된 잡지에는 '人物論의 進步性과 反動性'이라는 제목의 글이 실려 있다.[7)] 1935년에는 한 잡지에, '能樂의 進步性'이라는 제목의 글이 실려 있다.[8)] 1948년에는 '미국대학의 進步性'이라는 제목의 논문이 발표된다.[9)] 1950년에는 '青年의 進步性'이라는 제목의 논문이 나타난다.[10)] 1951년 책자에는 '科學의 進步性'이라는 어구가 등장한다.[11)] 1951년 논문에는 문학과 관련해서 '進步性과 反動性'이라는 문구가 등장한다.[12)] 1952년에는 '미국문학:

2) ジョン・フィスク 著, 田中達 譯, 人の運命, 1906, p.58.: 人類の進步性/ 8 (0033.jp2).
3) 中島德藏, 秩序ある進步性, 新公論 27(1); 1月號, 1912-01-01, pp.12-13.
4) 小澤正元, 內外ヂャーナル 現代新聞進步性の限界, 綜合ヂャーナリズム講座(內外社 編), 內外社, 1930.
5) 長場正利 著, 商法体系 總則編 第1, 出版社: 巖松堂書店, 1931, p.31.: IV 商法の進步性 31 (0024.jp2).
6) ハインリツヒ・ハイネ 著(栗原佑, 高沖陽造 譯), ドイツ古典哲學の進步性, 改造社, 1933 (改造文庫; 第1部 第81篇).
7) 大宅壯一, 人物論の進步性と反動性, 歷史科學 3(11), 1934-10, p.2-3 (0005.jp2).
8) 松本龜松, 能樂の進步性, 維新 2(6), 出版年月日等 1935-06, p.199-204 (0107.jp2).
9) 池原 止戈夫, アメリカ大學の進步性, 掲載誌 アメリカ研究 3(11), 1948-11 p.21-26.
10) 關 計夫, 青年の進步性, 掲載誌 青年心理 1(4) 1950-12 p.65-71.
11) 拔山平一 著, 科學・技術・生活, 丸善出版, 1951, p.11.: 科學の進步性 / p.11 (0015.jp2)
12) 杉浦 明平, 暗い夜の記念に--立原道造における進步性と反動性, 掲載誌 詩と詩人 13(104), 1951, p.4-9.

그 進歩性과 保守性'이라는 제목의 책자가 발간되는데, 진보성의 개념을 보수성의 반대 개념으로 보고 있다는 것을 알 수 있다.[13)]

마침내 특허법 개정 전인 1955년에는 '特許・商標'라는 단행본에 '技術的進歩性의 推定構造'라는 문구가 등장한다.[14)] 이는 일본 국회도서관의 검색에서 특허법적 맥락에서의 진보성 용어가 사용된 가장 오래된 자료이다.

이후 특허법의 맥락에서의 '進歩性' 용어 사용은 일반적인 맥락에서의 '進歩性' 용어 사용과 함께 사용된다. 1960년에는 '特許法・實用新案法・意匠法・商標法改正의 要点'이라는 단행본에 '發明의 進歩性'이라는 어구가 등장한다.[15)] 이는 1959년 개정법에서 진보성 개념이 조문화된 이후에 발간된 책이라는 점에서 중요한 위치를 차지하고 있다. 1960년 논문에는 '新規性・進歩性은 發明의 本質인가'라는 제목의 논문이 발표되었다.[16)] 1961년 논문에는 '發明・考案・意匠에 있어서 創作性・新規性 및 進歩性에 대하여'라는 문구가 등장한다.[17)] 1965년 단행본에는 실용신안법에 관련해서 '진보성에 관한 판결'이라는 문구가 등장한다.[18)] 1967년 단행본에는 '進歩性(創作の困難性)이 있을 것'이라는 문구가 등장한다.[19)] 1967년에 '특허발명의 진보성에 대해서'라는 문

---

13) 東山正芳著, アメリカ文學: その進歩性と保守性, 聖文舍, 1952.
14) 兼子一, 染野義信 著, 特許・商標, 青林書院, 1955 (實務法律講座; 第21), p.51.: 第四章 技術的 進歩性の推定構造 / p.51. (0042.jp2).
15) 織田季明 著, 特許法・實用新案法・意匠法・商標法改正の要点, 日本發明新聞社, 1960, p.9.: 發明の進歩性についての規定が設けられた / p.9. (0012.jp2)
16) 牛木 理一, 新規性・進歩性は發明の本質か, 掲載誌 パテント＝patent / 日本弁理士會廣報センター會誌編集部 編 13(7), 1960-07, p.17-19.
17) 內田 修, 發明・考案・意匠における創作性・新規性および進歩性について, 掲載誌 關西大學法學論集 / 關西大學法學會 編 10(4), 1961-06, p.1-32.
18) 工業所有權判例集 第5, 杉林信義 編 東京経營管理協會, 1965, [第二章 實用新案法 / (0016.jp2) 32・進歩性に關する審決・判決例 / (0076.jp2)]
19) 竹田和彦 著, 特許の知識: その理論と實際, ダイヤモンド社, 1967, p.120.

구가 등장한다.[20] 1969년에 '특허요건으로서 진보성과 산업상이용가능성'이라는 문구가 등장한다.[21]

2. 특허법상 진보성 개념의 등장: 왜곡된 용어의 등장

(1) 일본 특허법상 진보성 관련 규정의 도입

1921년 일본 특허법 제1조는 신규한 공업적 발명을 한 자에게 특허권을 부여한다고 규정하고 있다.[22] 제2차대전 후인 1959년에는 "특허출원 전에 그 발명이 속하는 기술 분야에서 통상의 지식을 가진 자가 전항 각 호의 발명에 의하여 용이하게 발명할 수 있었던 때에는 그 발명에 대해서는 같은 항의 규정에도 불구하고, 특허를 받을 수 없다."고 규정하여, 진보성 개념을 법조문에 처음으로 도입하고 있다.[23] 그러나, 법조문에는 '진보성'이라는 용어가 등장하지 않고 있으며, 다만 목적 조항에 '産業의 發達'이라는 어구가 있다.[24] 이와 같이 일본 특허법은

20) 松村 博 他, 特許發明の進歩性について, 掲載誌 パテント = patent / 日本弁理士會廣報センター會誌編集部 編 20(2), 1967-03 p.3-21.

21) 蓴優美, 特許要件としての進歩性と産業的利用性(1), 工業所有權法研究 15(4)(23), 蓴工業所有權研究所 蓴工業所有權研究所出版部, 1969-11, p.18-21(0011.jp2).

22) 일본 特許法(1921년) 大正10年4月30日法律第96号(大正11年1月11日施行版) 第一章 總則 第一條 新規ナル工業的發明ヲ爲シタル者ハ其ノ發明ニ付特許ヲ受クルコトヲ得.

23) 일본 特許法(1959년) 昭和34年4月13日法律第121号(昭和35年4月1日施行版) 第二十九條(特許の要件)産業上利用することができる發明をした者は, 次に掲げる發明を除き, その發明について特許を受けることができる. 一 特許出願前に日本國內において公然知られた發明 二 特許出願前に日本國內において公然實施をされた發明 三 特許出願前に日本國內又は外國において頒布された刊行物に記載された發明 2特許出願前にその發明の屬する技術の分野における通常の知識を有する者が前項各号に掲げる發明に基いて容易に發明をすることができたときは, その發明については, 同項の規定にかかわらず, 特許を受けることができない.

24) 일본 特許法(1959년) 第一條 この法律は, 發明の保護及び利用を図ることによ

미국, 독일, 영국과는 달리 진보성 관련 용어를 법조문에 담지 않고 있으며, 1949년 영국 특허법(제14조)과 1952년 미국 특허법 제103조와 유사한 내용을 담고 있다.

1959년 진보성 관련 규정은 1950년 11월 신법제정을 위한 '공업소유권제도개정심의회'가 설립되면서,[25] 장기간의 논의 과정 끝에 도입되었다. 이 논의 과정에서 법조문에는 '진보성'이라는 용어를 사용하지 않고 있으나, 영국 특허법상의 'inventive step'이라는 용어를 '進歩性'을 포함한 용어에 대응시키는 커다란 오류를 범하게 되었다. 이어서 유사한 용어(技術的進歩性)가 1955년 특허법 서적에 실리게 되면서[26] 대중적 확산의 계기가 마련되었다. 'inventive step'이라는 용어와 개념은 독일에서는 '발명높이'로 대응된다. 앞서 살펴본 바와 같이 독일에서는 '기술진보'와 '발명높이' 개념이 실무에서 경쟁적으로 적용되어 오다가 1959년 독일 특허청이 기술진보 기준을 버리고, '발명높이' 기준을 단일 기준으로 인정하게 된다. 따라서 당시 'inventive step'의 독일식 용어는 '기술진보'가 아니라 '발명높이'임에도 불구하고 일본 특허청의 주도로 대립되는 용어가 채택된 것은 매우 놀라운 사실이라고 하겠다. 이러한 용어의 문제점은 당시에도 지적되어 법조문에서는 진보성이라는 용어가 빠지게 된다.

이러한 이례적인 일이 어떻게 발생되었는지를 성찰하기 위해서는 당시의 논의 과정을 세밀하게 복기할 필요가 있으며, 이를 상술하면 아래와 같다.

り, 發明を奬勵し, もつて産業の發達に寄与することを目的とする.

25) 스기모토 유미코, 일본의 진보성 조항 도입의 배경, 진보성의 역사, 현황과 전망(일본변리사회, 한국지식재산연구원 옮김), 한국지식재산연구원, 2007, p.39.

26) 兼子一, 染野義信 著, 特許・商標, 青林書院, 1955 (實務法律講座; 第21), p.51.: 第四章 技術的 進歩性の推定構造, p.51. (0042.jp2). 이 책은 1958년에 2版이 발간되며, 같은 표현이 같은 페이지에 등장한다.

(2) 용어 왜곡의 과정

법안에 대한 검토가 이루어진 1950년과 1959년 사이에 주요국의 진보성 관련 개념과 용어는 과도기적 상황에 놓여 있었다.

먼저, 영국의 경우 특허등록 요건이 아니라 이의신청 사유로 1949년 진보성 관련 조문을 갖추게 되고, 그 내용은 오늘날의 '비자명성' 개념을 담고 용어는 'inventive step'을 사용하게 된다.[27] 당시 진보성 조문을 유일하게 갖춘 영국의 관련 조항을 일본이 우선적으로 참조한 것은 매우 당연하다고 하겠다. 미국은 1952년 특허법(제103조)에 비자명성(non-obvious)이란 용어 하에 진보성 규정을 담게 된다.[28] 이는 진보성 요건을 특허등록요건으로 규정한 세계 최초의 사례로 알려져 있다. 독일의 경우 앞서 살펴본 바와 같이 한동안 '기술진보'와 '발명높이' 기준이 병존하다가 전자를 선호하던 특허청마저 1959년 결정에서

---

27) 1949년 영국특허법 제14조 제1항(U.K. Patents Act) "Opposition to grant of patent] (1) At any time within three months from the date of the publication of a complete specification under this Act, any person interested may give notice to the comptroller of opposition to the grant of the patent on any of the following grounds: -(e) that the invention, so far as claimed in any claim of the complete specification, is obvious and clearly does not involve any inventive step having regard to matter published as mentioned in paragraph (b) of this subsection, or having regard to what was used in the United Kingdom before the priority date of the applicant's claim;".

28) 1952년 미국 특허법 제103조: "[§103. Conditions for patentability; non-obvious subject matter] A patent may not be obtained though the invention is not identically disclosed or described as set forth in section 102 of this title, if the differences between the subject matter sought to be patented and the prior art are such that the subject matter as a whole would have been obvious at the time the invention was made to a person having ordinary skill in the art to which said subject matter pertains. Patentability shall not be negatived by the manner in which the invention was made."

후자를 선택하게 되는 과정을 밟게 된다. 이와 같이 일본이 약 10년 동안 진보성 규정 입법을 준비하는 동안 주요국은 점차적으로 '발명높이(발명단계)' 내지 이와 내용적으로 유사한 '비자명성' 기준을 입법을 통하거나 실무를 통해 채택하는 방향으로 움직이고 있는 상황이었다.

한편, 일본의 1959년 특허법은 1950년 11월에 통상산업대신의 자문기관으로서 설치된 공업소유권제도 개정심의회(이하 '심의회')에서 6년간에 걸쳐 심의한 결과를 1956년 12월에 특허청에 보고하였으며, 1959년에 국회에서 통과되어 만들어졌다.[29] 진보성 개념은 1959년 개정법에서 처음으로 법문상 명문화되었다.

심의회가 열리기 전인 1949년 12월 5일의 학술회의에서 '누구나 쉽게 생각해 낼 수 있는 평범한 발명에, 배타적인 권리를 부여하여 보호할 가치가 없다'는 견해가 등장하였는데 이에 대한 응답이 1959년 일본 특허법상의 진보성 규정이라는 평가도 있다.[30]

공업소유권제도 개정심의회의 첫 번째 자료(1951년 11월 1일)는 다음과 같은 영국자료 번역으로 시작한다.[31]: "특허는 진보성(inventive step)을 포함하여 자명해야 한다는 문제의 해결을 명백히 하지 않으면 안 된다.[32] 특허는 발명의 진보성 그 자체라고까지 전해지고 있다. 발명의 진보성 유무 문제가 특허국의 심사관에 따라서는 고려되지 않고, 설령 심사관이 자명한 것이라는 견해를 가지고 있더라도 특허명세서는 특허국장이 수리해버린다. 하지만, 1949년의 특허법[33]에 근거하여, 이해관계인은 본 명세서의 청구범위가 자명하고 발명의 진보성이 없으며, 신규성이 없다는 이유로 특허 부여에 반대할 수 있게 되었다. 발

29) 스키모토 유미코, op. cit., p.39. 공업소유권법 축조해설 제15판 서문에서 인용.
30) Ibid., p.39.
31) Ibid.
32) Ibid., p.40.
33) 1949년 영국 특허법 제14조.

명과 진보성 유무의 문제는 각각의 사례에 따라야 하는 것으로, 일반적인 원칙을 정하는 것은 무리가 있다. 발명이 그 실현에 성공한 경우에는 어떠한 작은 발명일지라도 그 자체로 충분하다. 영국의 특허법에서는 발명이 유효한 특허가 되기 위해서는, '천재의 번득임'을 가지고 있어야 한다는 최근 미국에서 제창하는 이론을 인정하지 않고 있다. 즉, 극히 흔한 지식에 근거한 출원은 발명의 진보성이 있다고는 인정되지 않는다."

이와 같이 번역문은 영국의 'inventive step'을 '진보성' 또는 '발명의 진보성'에 대응시키고 있다. 후자의 경우 '발명의'라는 용어가 포함되기는 했으나, 'inventive step'이 독일의 '발명높이'와 같은 개념이고 이는 독일의 '기술진보'와 대립되는 개념이라는 점에서 혼란스러운 용어를 선택했다고 할 수 있다. 오히려 '진보성'이라는 용어로 인해 독일의 '기술진보' 개념을 연상시키는 용어라고 하겠고 이로써 서구 특허법상의 용어에 대한 왜곡이 시작되었다고 판단된다. 즉, 오역이 용어의 뒤틀림을 가져다주었다고 하겠다. 'step'에는 비약이라는 뉘앙스가 내포되어 있으나, 진보는 점진적 진보까지를 포괄하는 개념이라는 문제점도 있다. 점차 '발명의 진보성'은 결국 독일식 '기술의 진보성'이라는 의미로 받아들여지게 되며, '技術的進步性'이라는 용어가 1955년 단행본에 등장하게 된다.

당시 1949년 영국법 제14조는 'the invention … is obvious and clearly does not involve any inventive step'이라고 표현되어 있으며, 자명성과 발명단계가 같은 개념을 두 번 표현한 것인지 아니면 별개의 의미를 가진 것인지 불분명하다. 일본은 관련 영국의 해설서를 번역하면서, 영어 원본과 같이 두 개념을 병치시키고 있다("청구범위가 자명하고 발명의 진보성이 없으며"). 일본의 입장에서는 'obvious'와 별개로

'inventive step'이라는 개념이 있으며 이를 독일의 '기술진보' 개념으로 잘못 이해했을 수도 있다고 하겠다.

심의회 의사록(1951.11.15)에 다시 '발명의 진보성'이라는 문구가 등장하고 있다.[34] '발명의 진보성'에 대한 검토라는 제목 하에, '발명적 진보'를 조문에 넣는 것은 과도하다는 의견도 있다고 소개하고 있다.[35]

이듬해인 1952년 9월 2일자 의사록은, 진보가 아니라 퇴보하더라도 특허를 주는 것이 바람직하다는 견해, 퇴보 역시 발명인 경우도 있다는 견해, '진보'나 '우월(초월)'의 말로는 적절하지 않은 발명이 있다는 견해, '쉽게 얻을 수 있는지 여부'가 진보성이라는 견해 등을 소개하고 있다.[36] 이어서 1952년 10월 의사록은 용이하게 생각되는 것이라도 효과가 상당히 있는 것은 허용해야 하는 견해도 있다고 소개하고 있다.[37] 여기서 전자에 해당하는 요건은 발명높이(또는 비자명성) 법리와 관련이 있으며, 후자의 경우 기술진보(기술효과) 법리와 관련이 있다고 할 수 있으며, 이 두 가지 기준 가운데 하나만 만족하더라고 특허를 주어야 한다고 주장하고 있음을 알 수 있다. 또한 의사록에는 용이하게 유추하여 얻을 수 있는 경우라도 산업의 발달에 기여하는 것이 있기 때문에 산업의 발달에 기여하는 것(기술진보와 관련된 개념)과 'inventive step'의 법리가 다르다는 견해가 소개되어 있다. 따라서 1952년 시점에서 일본 특허전문가들은 독일의 두 법리를 잘 이해하고 있음을 알 수 있다.

마침내 1954년에 이르러서 심의회는 '101문, 105문, 106문(inventive

34) 스키모토 유미코, op. cit., p.41.
35) 공업소유권제도 개정심의회 특허부회, 제32회 특허부회 의사록(1951.11.15.). 스키모토 유미코, op. cit., p.41.
36) 제77회 특허부회 의사록(1952.9.2.). Ibid., p.42.
37) 제79회 특허부회 의사록(1952.10.6.). 제80회 특허부회 의사록(1952.10.15.). Ibid., pp.43-44.

step)의 검토'라는 제목 하에, 신규성에서 일보 전진한 단계를 조문화하는 것이 바람직하며, "용이하게 추리할 수 없는 것"이라는 표현을 제안하고 있다.[38] 이 시점에서는 기술진보라는 개념이 빠지고 영미법 또는 독일 판례법상의 '발명높이'라는 개념을 받아들인 것으로 보인다.

한편, 특허청 심의실의 '기술의 진보와 특허제도의 문제점 개정 방향(1954.12.9.)'이라는 문서는 다음과 같은 내용을 담고 있다.[39]: "기술의 진보에 따라 일상의 기술 활동 범위 역시 넓어지고 있음. …특허발명이 단순히 신규이기 때문에 특허하는 것이라 하면, 기존의 기술지식에서 통상의 기술자라면 용이하게 유추하여 응용할 수 있는 정도의 기술이 새로운 것이라는 이유만으로 특허될 것임. 이것은 기술진보를 장려하는 것보다 오히려 저해하는 것에 불과. 여기서 그와 같은 경우를 특허에서 제외하는 것이 필요함. 그것은 미국에서는 1880년대에 판례에서 발달하여, 법문상(제103조)으로도 명기되어 있음. 영국에서는 이것을 'inventive step'의 유무라는 문제로서 법문상(제14조) 발명의 특허교부를 제3자가 논할 수 있는 것으로 규정하고 있음. 일본에서는 종래 그와 같은 발명은 '발명을 구성하지 않음'이라는 것으로 특허를 인정치 아니하는 운용이었으나, 그것을 법제상 확실하게 해 가는 것을 생각하고 있음."

이에 따르면, 일본 특허청이 영국과 미국의 입법례에 기초하여 일본 특허법상 진보성 관련 조문을 받아들이고 있다는 것을 알 수 있으며, 특히 기술진보의 장려라는 특허제도의 목적을 달성하기 위한 방법으로서 특허요건의 진보성 규정을 '기술진보'가 아닌 '발명문턱(inventive step, non-obviousness)'으로 규정하고 있음을 알 수 있다.

---

38) 제96회 특허부회 의사록(1954.3.23.). Ibid., p.44.
39) Ibid.

한편, 앞서 언급한 바와 같이 이러한 개정 작업의 와중인 1955년 출간된 '特許・商標'라는 단행본에 '技術的進步性의 推定構造'라는 문구가 등장한다.[40] 이는 독일의 용어(technischer Fortschritt)를 거의 직역했다는 점에서 독일의 영향을 직접 받았다고 판단된다.

1956년에는 심의회에서 개정안을 제시하였고, 이에 대해 특허청이 의견을 제시하고 있으며, 다시 심의회에서 이에 대해 답하고 있다.[41] 흥미롭게도 이 과정에서 특허청은 '진보'라는 용어가 법조문에 포함될 것을 주장하고 있으나, 심의회는 이를 거부하고 있다.

즉, 심의회는 제2조 "제1조의 발명은 특허출원 전 그에 속하는 기술 분야에서 통상의 기술적 지식을 가진 자가 제3조의 각호에 제시된 것에서 용이하게 추리할 수 있는 것이어서는 안 된다고 규정함."이라는 개정(안)을 제시하였다.[42] 이에 대해 특허청은 제2조를 '발명의 진보적이라는 것은 특허출원 전 그에 속하는 기술 분야에 있어서의 통상의 기술적 지식을 가진 자가 제3조의 각호에 제시된 것에서 용이하게 추리할 수 있는 것이 아닌 것을 말한다'는 견해를 제시하였다.[43] 그 이유를 "… 진보적이라는 단어를 더한 것은 심사기준의 향상을 도모하려는 것으로, 현행법 하에서는 '발명을 구성하지 않음'이라는 이유로 거절되고 있는 대부분이, 이후부터는 '진보적이 아님'이라는 이유로 거절될 것이라고 생각합니다."라고 기술하고 있다. 심의회는 다시 이 답신안에 대해서, '진보성의 정의는 제2조에 나와 있는 대로 발명에는 퇴

40) 兼子一, 染野義信 著, 特許・商標, 青林書院, 1955 (實務法律講座; 第21), p.51.: 第四章 技術的 進步性の推定構造 / p.51. (0042.jp2). 이 책은 1958년에 2版이 발간되며, 같은 표현이 같은 페이지에 등장한다.

41) 공업소유권제도 개정심의회 답신안(특허부회 관계) (1956.12.21.). 스키모토 유미코, op. cit., pp.45-46.

42) 공업소유권제도 개정심의회 답신안(특허부회 관계) (1956.12.21.). Ibid.

43) 공업소유권 개정 심의회 특허부회 답신안(안) (1956.2.29.) 특허청. Ibid., p.45.

보도 포함될 수 있다. 기술수준의 향상이라는 의미는 아니라는 의견. 진보적이라는 단어가 좋지 않음. 기술수준 향상이라는 의미에 빠질 수 있으므로 적당한 표현을 고려해주길 바람. … 진보적이라는 단어를 사용하지 않는 것이 알기 쉽지 않은가 등.'이라고 응답하고 있다.[44)]

특허청과 심의회의 의견차이는 심의회의 경우 미국의 1952년 특허법의 조문에 충실하기를 원했고, 특허청의 경우 '기술진보'라는 독일 특허청이 한동안 선호했던 용어를 염두에 두었던 것으로 추정된다. 결국, 최종 특허법(안)에서는 심의회의 의견이 반영된 것으로 나타나고 있다.

그럼에도 불구하고 특허청의 특허법안 축조해설(1958년 2월 3일)은 진보성이라는 용어와 개념을 다음과 같이 사용하고 있다.[45)]: "… (29조) 2항은 새롭게 설치된 규정으로 이른바 발명의 진보성(inventive step)의 문제이다. 규정의 취지는, 통상의 자가 용이하게 생각할 수 있는 발명에 대하여 배타적권리(특허권)를 부여하는 것이 사회의 기술의 진보에 기여하는 것이 아닌 오히려 방해가 되므로, 그와 같은 발명을 특허교부의 대상에서 배제하려고 하는 것, 현행법 하에서도 상기와 같은 발명에 대하여 특허를 교부하고 있는 것은 아니며, 그 의미에는 운용상의 문제를 법률상 명확히 한 것이다."

여기서 일본 특허청은 'inventive step'이라는 용어가 독일의 기술진보와는 다른 의미를 가지고 있는 용어임에도 불구하고 '발명의 진보성'이라는 용어에 대응시키고 있다. 이것이 오늘날까지 일본에서 특허법의 조문과 이를 약칭하는 강학상의 용어가 불일치하게 된 시발점이라고 판단된다.

---

44) 제131회 특허부회의사요록(1957.2.19.). Ibid.
45) Ibid., p.46.

한편, 2006년 발표된 자료에는 독일 제도를 소개하면서 'technical progress'를 '기술적 진보'에 대응시키고 'inventive step'을 '창조적 정신활동'이라는 용어로 대응시키고 있다.[46] 1950년대 특허법 개정을 준비하던 당시에 '발명의 진보성'이라고 대응한 것에 비교해서 적절한 번역이 이루어지고 있음을 알 수 있다.

3. 독일 특허시스템이 일본의 '진보성' 용어 도입에 미친 영향

독일의 산업정책적 특허제도는 근대화의 과정에 있던 일본에 직접적인 영향을 끼쳤다.[47] 일본에서는 메이지유신 시대 구미의 영향으로, 1871년에 일본최초의 특허법인 전매략규칙이 제정되었으나, 전문 심사관 부족 등 운영상의 어려움으로 다음해에 폐지되었으며, 실질적인 최초의 특허법은 1885년 제정된 '전매특허조례'이다.[48] 동법은 프랑스 특허법[49]과 선발명주의인 미국특허법의 영향을 받았다.

일본이 독일의 영향을 직접적으로 받은 것은 1909년 실용신안제도 도입과 1921년 특허법이다. 1921년 개정법에서는 선출원주의로 변경하였고, 출원공고제도, 이의신청제도가 도입되었다. 또한 독일 특허법과 같이 물질특허는 인정되지 않고, 제법특허만 인정되었으며, 직무발명이 도입되었다.[50] 공공의 이익을 위해 정부가 보상을 하고 특허권을

46) 에도 도시아키, 타국의 진보성 규정 도입의 경위와 그 후, 진보성의 역사, 현황과 전망(일본변리사회, 한국지재산연구원 옮김), 한국지식재산연구원재산, 2007, pp.50-51.

47) 윤권순 (2), op. cit., pp.84-85.

48) 전매특허조사의 입안을 맡은 교고시청은 일본이나 유럽에 자료를 수집하러 다니고 이를 책으로 기술한 것으로 보아, 일본 특허법은 미국과 유럽의 특허법을 충분히 참조한 것으로 보인다. 吉藤幸朔(유미특허법률사무소 역), op. cit., p.48.

49) 존속기간은 최대 15년이지만, 5년 10년 15년의 선택권을 둔 것, 의약발명은 특허를 부여하지 않은 것, 2년간 의무실시 및 특허발명의 수입 판매시 효력 상실 조항을 둔 것이 프랑스 특허법의 영향을 받은 조항이다.

취소할 수 있게 되었다. 1921년 개정안에서 독일의 1877년 특허법의 특성을 대부분 수용하였으며, 현재의 특허법이 그 성격을 유지하고 있다. 1959년 개정법은 신규성 판단 시 외국간행물 포함, 진보성 개념, 특허권의 효력은 '업으로서의 행위'에만 미치게 한 점, 특허권의 존속기간을 출원일로부터 20년을 넘기지 못하게 한 점 등이 포함되어 있다.[51]

이와 같이 일본의 특허시스템은 독일 특허시스템의 영향을 강하게 받아왔고, 독일 특허청의 경우 1959년 '기술진보' 개념을 버리고, '발명높이'를 유일한 진보성 판단기준으로 인정하기 전까지 '기술진보' 개념을 지지하여 왔다. 따라서 당시 일본이 진보성 개념을 도입할 시점에는 독일식 '기술진보'라는 기준에 익숙해 있었을 것으로 추정된다.

당시 독일이 '기술진보'에서 '발명높이'로 전환하던 과도기적인 시기에서 두 개념과 용어의 차이를 분명히 인식하는 사람과 그렇지 않은 사람이 혼재하던 상황에서 '발명높이'와 동등한 영국식 용어인 'inventive step'이 '발명의 진보성'으로 번역되었던 것으로 판단된다.

한편, 독일에서는 기술의 진보(Technical progress)에서 창작활동의 비용이성(inventive step)이라는 개념으로 변화가 있었으나, 일본이 '진보성' 규정을 도입하던 시기에 독일에서 기술의 진보를 판정요소로 하는 경향이 있었기 때문에 일본이 '진보'라는 단어를 사용한 것으로 추정하는 일본 학자가 있다.[52] 그러나 전술한 바와 같이 독일 법원의 경우 1940년 판례부터 '기술높이'를 진보성의 단일 기준으로 받아들였고,

---

50) B. Zorina Khan. An Economic History of Patent Institutions, Bowdoin College.

51) 吉藤辛朔, op. cit., pp.46-51.

52) 에도 도시아키, 진보성 조문의 규정 형태와 특허제도의 취지에서의 검토, 진보성의 역사, 현황과 전망(일본변리사회, 한국지재산연구원 옮김), 한국지식재산연구원재산, 2007, p.61.

특허청도 1930년부터 두 개념을 동시에 사용하여오다가 1959년에 단일 기준으로 받아들였기 때문에 이미 독일에서는 '기술진보'라는 기준이 사라져가던 시기였다고 하겠다. 다만 독일 특허청의 경우 오랜 기간 '기술진보' 기준을 중요시해 왔다는 점에서 이에 영향을 받은 일본 특허청이 '진보'라는 용어에 집착한 것으로 판단된다. 앞에서 본 것처럼 일본에서 진보성 조문이 도입될 당시 심의회는 진보라는 용어를 반대한 반면, 일본 특허청은 조문에 진보라는 용어를 넣기를 원했으며, 입법 후 법조문에 대한 설명에서도 진보라는 용어를 사용하고 있다는 점도 이러한 추론을 뒷받침하고 있다.

4. 일본 특허법상 새로운 용어(容易想到性)의 등장

(1) 일본 특허법상 진보성 규정과 진보성 용어의 불일치에 대한 인식

일본 특허법의 제29조에 담긴 내용과 '진보성'이란 용어의 불일치에 대해서 일본의 전문가도 다음과 같이 잘 인식하고 있다.[53]: "독일에서는 기술적 진보(Technical progress)와 자명성(obviousness), 그리고 창작활동의 비용이성은 명확한 개념의 구별을 하고 있으나, 일본은 이와 같은 구별 의식이 강하지 않은 듯하다. 법 제29조의 규정은 도입 시에 '진보'라는 단어가 사용되었으나, 조문의 내용은 창작의 비용이성으로 의장법의 규정과 표현에 있어 동일하다. 따라서 기술적 관점에서의 'progress'가 요구되는 것이 아니며 같은 레벨의 작용효과나 퇴보적 발명이더라도 창작이라는 정신활동에 비용이성이 있다면 충분하다. … 각 국은 특허제도에서 신규성을 넘는 비특허 영역을 가지고 있고, 한편 그 요건으로 '기술의 진보'를 요구하는 나라는 존재하지 않는다.[54]

53) Ibid.
54) Ibid.

일본 역시, 조문의 형태상으로 기술의 진보를 요구하지 않는 것은 명백하다. 다만, 발명의 정의(제2조)에는 '고도성(高度性)'이 존재하며, 법 목적(법 제1조)에는 '산업의 발달'이 명시되어 있으므로, 퇴보적 발명에 특허권을 부여해서는 안 된다는 생각도 가능할 것이다. 하지만 그 규정에서 진보성의 요건에 기술적 진보를 포함한다는 직접적인 이유는 보이지 않는다. 문제가 되는 것은 대상 발명이 '진보성이 의심스러운 영역'에 있는 경우로서, 이와 같은 발명이 퇴보적인 기술일지라도 독점권에 의한 폐해가 없다는 것은 상술한 대로이며, 이것을 조문의 형태에 반하면서까지 거절할 필요도 없다고 여겨진다."

(2) 일본 특허법상 진보성 내용에 부합되는 새로운 용어의 모색

일본은 1959년 특허법에 진보성 조항을 담게 되는데, 입법과정에서 진보라는 용어를 법조문에서 의도적으로 배제하였다. 그럼에도 불구하고 입법 전 시기인 1955년 법률서적은 '기술적 진보성'이라는 용어를 사용하고 있고, 입법 후 '진보성'이라는 강학상의 용어가 널리 사용되게 된다.

그러나, 법조문의 내용과 '진보성'이라는 용어는 의미로나 개념으로나 적절하지 않은 관계에 있다. 이와 관련하여 비교적 법조문의 내용에 부합하는 용어가 나타나고 있다. 이르게는 1967년 단행본에 '進步性(創作の困難性)이 있을 것'이라는 문구가 등장한다.[55] 進步性을 창작의 곤란성과 병기한 것으로 보아, 진보성 관련 특허법의 문구의 내용은 '진보성'이 아닌 '창작의 곤란성'으로 대응시키는 것이 타당하다고 판단하고 있음을 알 수 있다.

2009년 발간된 한 논문은 '容易想到でない發明'이라는 용어를 사용하여 진보성 조항을 설명하고 있다.[56] 이어서 '容易想到性の証明'이라

---

55) 竹田和彦 著 , 特許の知識: その理論と實際, ダイヤモンド社, 1967, p.120.

는 제목 하에 그 기준을 상세히 다루고 있다. 또한 2016년 발간된 자료에서는 진보성(進步性)이란 용어를 '容易想到性'[57] 또는 '非容易推考性'과[58] 병기하여 사용하고 있다. 2019년 자료에서도 容易想到性, 自明性, 進步性을 같은 개념을 나타내는 용어로 사용하고 있다.[59] 특히, 2019년 발간된 책에서는 '進步性'을 사용하기는 하나, '容易想到性'을 대표적인 용어(목차 제목)로 사용하고 있다는 점이 주목할 만하다.[60]

---

56) 相田義明, 進歩性の判斷構造についての一考察. tokugikon no.255, 2009.11. 16., p.72.
"特許法では 「進歩性」ということば使用されておらず, 容易想到でない發明を, 進歩性を有する發明としている."; 相田義明 (特許廳 審判部), 進歩性の判斷構造と,「阻害事由」「發明の効果」「周知技術」について, 資料名: パテント (Patent), 卷: 63 号: 5 ページ: 1-13 發行年: 2010年 3月 19日.

57) 末吉 剛, "容易想到性(進歩性)判斷における課題の意義", 揭載誌 パテント=patent / 日本弁理士會廣報センター會誌編集部 編 69(2) (通号 800), 2016-02, p.84-92; 高石 秀樹, [進歩性判斷における「異質な効果」の意義: 容易想到性判斷における「課題」と「異質な効果」との融合的理解 (日本弁理士會中央知的財産硏究所 硏究報告第40号 進歩性について: 更なる硏究)], 揭載誌 パテント=patent / 日本弁理士會廣報センター會誌編集部 編 69(5) (通号 803(別冊15)), 2016-03, p.39-69.

58) 田村 善之, [「進歩性」(非容易推考性)要件の意義: 顯著な効果の取扱い (日本弁理士會中央知的財産硏究所 硏究報告第40号 進歩性について: 更なる硏究)], 揭載誌 パテント = patent / 日本弁理士會廣報センター會誌編集部 編 69(5) (通号 803(別冊15)), 2016-03, p.1-12.

59) 特許業務法人 深見特許事務所 編, 發明の容易想到性・進歩性の判斷基準－事例硏究－, 2019年 1月 31日.

60) 第1部 發明評価の歴史 第1章 發明の容易想到性 その歴史 1.1 特許される發明の條件 1.1.1 容易想到性、自明性あるいは進歩性 1.1.2 有用性評価の時代から進歩性判斷の時代へ 1.2 發明の有用性評価の時代 1.2.1 ヴェネツィア共和國特許審査委員會 1.2.2 革命前のフランスにおける發明の評価 1.2.3 ジェファーソン國務長官による發明審査 1.3 有用性評価から非自明性の判斷へ: 米國 1.3.1 厳しい審査の時代 1.3.2 非自明性要件が法制化される 1.3.3 非自明性に關する判斷基準 1.3.4 KSR判決によるTSMテストの見直し 1.4 歐州における發明進歩性 1.4.1 英國における進歩性の考え方 1.4.2 ドイツにおける進歩性 1.4.3 歐州特許廳における進歩性 1.5 日本の容易想到性の制度設計 1.5.1 專賣特許條例から大正10年特許法へ 1.5.2 容易想到性の規定 1.5.3 審査基準の作成 1.5.4 1993年進歩性審査基準 1.5.5 2000年進歩性審査基準 1.5.6 知的財産高裁

5. 일본의 진보성 용어가 대만에 미친 영향

대만 특허법 제22조는 진보성을 다음과 같이 규정하고 있다: "기술 분야의 일반적인 지식을 가진 사람이 출원 전에 선행 기술로 쉽게 완성할 수 있는 경우 발명 특허를 획득할 수 없다."[61)62)] 대만의 경우도 일본이나 한국과 같이 법조문에는 진보성이라는 용어를 사용하지 않고 있다.

대만의 논문에서는 대만에서는 '進步性'이라는 용어를 사용하고 있다고 밝히고 있으며, 미국의 'non-obviousness' 개념을 '非顯而易知性'으로 번역하고 있다.[63)] 또 다른 자료에서도 특허요건으로 '進步性'이라는 용어를 사용하고 있으며, 'non-obvious'를 「非顯而易見」이라고 번역하고 있고, 'inventive step'을 '發明性之步驟' 또는 '發明步驟'로 번역하고 있다.[64)] 이 자료는 'inventive step'을 '進步性'으로 번역하

の容易想到性をめぐる判決 1.5.7 2015年進步性審査基準].

61) 葉雲卿 / 世新大學智慧財産硏究所 助理敎授, 各國專利進步性之判斷介紹, 2014. 01.07., 我國專利法第22條規定第二項規定: 「…所屬技術領域具有通常知識者依申請前之先前技術所能輕易完成者, 仍不得取得發明專利」是爲我國專利「進步性」之定義. 其判斷標準係以「所屬技術領域具有通常知識者」是否在申請日「現有技術」下, 可以「輕易完成」 <http://www.naipo.com/Portals/1/webtw/Knowledge_Center/Industry_Economy/publish-178.htm>

62) 臺灣 專利法(2019.4.16. 개정) 第二十二條(申請取得發明專利之除外情形) 三. 發明雖無前項各款所列情事, 但爲其所屬技術領域中具有通常知識者依 申請前之先前技術所能輕易完成時, 仍不得取得發明專利 ….

63) 黃柏維, 從美國專利法析論非顯而易知性之相關爭議(A study on non-obviousness controversies in view of American Patent Law, 國立政治大學 碩士論文, 2012, p.i "以非顯而易知性(卽我國進步性)最爲棘手, 蓋其本身屬於不確定之法律 … Wormer 等案的用語(new and useful), 而寬認發明的非顯而易知性. … 案起, 最高法院時常以欠缺 「獨創性」(invention)67爲由來否定發明的可專利性," <https://nccur.lib.nccu.edu.tw/retrieve/82368/101601.pdf>

64) 葉雲卿 / 世新大學智慧財産硏究所 助理敎授, 各國專利進步性之判斷介紹, 2014. 01.07., <http://www.naipo.com/Portals/1/web_tw/Knowledge_Center/Industry_Economy/publish-178.htm>

지 않는다는 점에서 두 용어가 담고 있는 개념의 차이를 명확하게 인식하고 있다고 판단된다.

제 13 장

한국의 진보성 개념과 용어의 현재와 미래

1. 일상적 '진보성'의 의미
2. 한국 특허법상 진보성의 의미
3. 한국 특허법상 진보성 개념의 도입
4. 한국 특허법상 '용이성' 개념의 기원
5. '진보성'이라는 용어에 대한 비판
6. 미 래

제 13 장

한국의 진보성 개념과 용어의 현재와 미래

용어는 이해의 강을 건너는 나룻배라는 점에서 용어와 개념은 매우 밀접한 관계를 가지고 있다. 용어의 의미와 개념이 멀어질수록 모호성과 불확실성이 높아지기 때문에 특히나 법 분야에서는 이들 간의 거리를 좁히는 것이 법제도의 효율적인 집행을 위해서도 필요하다.

1. 일상적 '진보성'의 의미

진보의 사전적 의미는 '정도나 수준이 나아지거나 높아짐'을 의미한다.[1] 또한 진보성의 사전적 의미는 '진보적인 성질이나 상태'를 의미한다.[2] 이는 급진적인 기술진보보다는 점진적인 기술진보를 떠 올리게 한다.

1) 국립국어원, 표준국어대사전, 진보(進步): 「명사」 정도나 수준이 나아지거나 높아짐. <https://stdict.korean.go.kr/search/searchResult.do?pageSize=10&searchKeyword=%EC%A7%84%EB%B3%B4>.
2) 국립국어원, 표준국어대사전, 진보-성(進步性): 「명사」 진보적인 성질이나 상태. <https://stdict.korean.go.kr/search/searchResult.do>.

'진보(進步)'라는 단어는 원래 우리나라에서 '발을 옮겨 앞으로 나아가다'라는 의미로 쓰이고 있었다.[3] 그러나, 일본에 의하여 'advancement'와 'progress'의 번역어로 사용되었고,[4] 우리도 일본의 영향을 받아 원래의 의미가 변형된 것으로 보인다.

1949년 국회 회의록에서 '진보성(進捗性)'이라는 용어가 등장하고 있다.[5] 또한 1975년 '機械分野技術의 進步性判斷에 關한 硏究'라는 제목을 가진 논문이 나타나고 있는데[6] 기술진보라는 맥락에서 사용된 사례라고 하겠다. 국내 학술데이터베이스에서 진보성을 검색어로 문헌을 찾아보면,[7] 특허법상 맥락에서의 진보성에 대한 논문이 다수를 차지하고 있다. 또한 일반적인 진보성의 의미로도 다양한 분야에서 사용되고 있음을 알 수 있다. 즉 '미국 신좌파의 진보성(progressiveness)에 대한 의문',[8] '자유주의의 진보성에 관하여',[9] '독일 표현주의 영화의 진보성과 보수성',[10] '논어를 통해 본 공자 사상의 진보성과 보수성'[11] 과 같은 논문들이 검색되는데 보수성의 반대 개념으로 진보성을 두고

---

3) 소준섭, [소준섭의 正名論]<2>: 잘못된 언어로부터 잘못된 개념이 나온다, 프레시안(2009.07.24.). <https://www.pressian.com/pages/articles/59076> 프레시안(http://www.pressian.com)

4) Ibid.

5) 국회본회의 회의록. 제2회(77차) / 국회 회의록 제1대 국회 회의록 국회본회의 1949.04.16 第2回 國會定期會議速記錄 국회본회의 회의록 第77號 國會事務處 단기4282년4월16일(토) 상오10시 194 "작년도 예산에 비하야 대체로 다소의 진보성(進捗性)을 찰지(察知)하는 동시에 국민의 복리를 위주하고저 경제 양책(良策)을 의도하는 바를 인정하오나 아직 산만함과 미비한 것이 다소 산재함을 인정하는바 …."

6) 황태청, 機械分野技術의 進步性判斷에 關한 硏究, 연세대학교 석사 논문, 1975.

7) 학술데이터베이스. <https://www.dbpia.co.kr/>

8) 이주영, 미국 신좌파의 '진보성(Progressiveness)'에 대한 의문, 역사학보, 제157집, 1998.3, p.271.

9) 박동천, 자유주의의 진보성에 관하여, 철학과 현실, 2012.3, p.93.

10) 정태수, 독일 표현주의 영화의 진보성과 보수성, 영화연구, 2020.2.12, p.321.

11) 이영자, 논어를 통해 본 공자 사상의 진보성과 보수성, 중어중문학, 25, 1999.12, p.185.

있는 사례들이 많다.

이를 종합하면 우리나라에서 진보성이라는 용어는 영어의 'progress' 또는 'advancement'의 의미로 사용되고 있다고 판단된다.

한편, 고대 그리스·로마 시대에는 넓은 의미에서 '진보(Fortschritt)' 혹은 '나아가기(Fortschreiten)'를 나타내는 단어들이 많이 있었다.[12] 그리스의 경우 προκοπή 등의 단어가 사용되었고, 동 단어는 키케로에 의해 라틴어의 '전진(progressus)' 혹은 '향상(progressio)'으로 번역되었다.

2. 한국 특허법상 진보성의 의미

한국 특허법상 등록 요건 가운데 하나인 '진보성(進步性)'이라는 강학상 용어는 세계적으로 매우 드물게(일본, 한국, 대만) 사용되고 있다. '진보성'이라는 용어는 법조문에 등장하지 않으며,[13] 법원의 판례, 특허청의 심사지침, 법학서적에 등장하고 있다.

우리나라의 심사기준은 특허법 제29조 제2항의 취지를 "기술적 효과에 있어서 더 나아진 것이 없거나 … 미미한 기술에 대하여 특허권을 부여하는 것은 기술의 발달에 공헌한 자에 대하여 그 공개의 대가로 독점배타권을 부여하는 특허제도의 취지와도 맞지 않게 될 뿐만 아니라 이러한 특허권에 의해 제3자의 기술 실시가 제한됨으로써 산업발전에 기여하고자 하는 특허제도의 목적에 오히려 반하기 때문이다."라고[14] 특허법의 목적 규정과 연결시켜 설명하고 있다. 이는 앞서 언급

---

12) 라인하르트 코젤렉, 크리스티안 마이어(황선애 옮김), 코젤렉의 개념사 사전. 2: 진보, 푸른역사, 2010, p.18.

13) 한국특허청, 특허·실용신안 심사기준 [2019.3.18. 개정] 제3장 진보성 [3301] (참고) "진보성"이란 용어는 특허법 상 명문으로 규정되어 있지 않으나, 특허법 제29조제1항 각 호의1에 규정된 발명에 의하여 그 발명이 속하는 기술분야에서 통상의 지식을 가진 자가 쉽게 발명할 수 있는 발명을 진보성이 없는 발명이라 하며 그러하지 아니한 발명을 진보성이 있는 발명이라 한다.

한 바와 같이 특허제도의 목적과 수단이 다를 수 있음을 간과하고 있다는 점에서 비판의 소지가 있다.

한편, 'inventive step'을 우리말의 진보성과 같은 의미로 보고, 미국의 'non-obviousness'는 별도의 '비자명성'의 의미로 이해하는 사례가 발견된다. 두 용어(inventive step, non-obviousness) 모두 '기술진보'와 대비되는 발명높이 계열의 용어라는 점에서 이러한 번역은 적절하지 않은 것으로 판단된다. 각각 기술단계와 비자명성으로 직역하거나, 넓은 의미로 진보성이라는 이름으로 부르는 것이 타당하다고 하겠다.

3. 한국 특허법상 진보성 개념의 도입

1961년 개정 한국 특허법은 '특허출원전에 국내에서 반포된 간행물에 용이하게 실시할 수 있는 정도로 기재된 것'은 신규성에 해당하지 않는다고 규정하고 있다.[15]

1973년 개정 특허법에서는 '특허출원전에 그 발명이 속하는 기술의 분야에서 통상의 지식을 가진 자가 전항 각호에 게기한 발명에 의하여 용이하게 발명할 수 있는 것일 때에는 그 발명은 전항의 규정에 불구하고 특허를 받을 수 없다(제6조 제2항).'라고 규정하여 신규성이라는 개념에 포함시키지 않고 오늘날의 진보성 개념을 담은 별도의 항을 신설하게 된다.[16] 동 법은 제7조(발명의 신규성의 의제)를 통해 신규성이

---

14) Ibid.

15) 특허법 [법률 제950호, 1961. 12. 31., 전부개정] 제5조 (신규성의 정의) 본법에서 신규의 발명이라 함은 다음 각호의 1에 해당하지 아니하는 것을 말한다. 1. 특허출원전에 국내에서 공지되었거나 또는 공연히 사용된 것 2. 특허출원전에 국내에서 반포된 간행물에 용이하게 실시할 수 있는 정도로 기재된 것.

16) 특허법 [법률 제2505호, 1973. 2. 8., 전부개정] 제6조 (특허요건) ① 산업상 이용할 수 있는 발명을 한 자는 다음에 게기한 발명을 제외하고 그 발명에 대하여 특허를 받을 수 있다. 1. 특허출원전에 국내에서 공지되었거나 또는 공연히 실시

라는 용어와 그 의미를 분명하게 하고 있으며, 이를 통해 제6조 제2항이 진보성 개념을 담은 요건임을 명확하게 알 수 있다. 그러나 신규성이라는 용어와는 달리 진보성 개념을 담은 제6조 제2항에 대해서는 특별한 용어를 사용하지 않고 있다.

한편, 1978년 발간된 잡지에서는 '특허출원 및 심판청구시의 신규성과 진보성판단'이라는 제목 하에 특허법 제6조 제2항을 '진보성'이라는 용어로 설명하고 있다.[17] 이 글에는 왜 진보성이라는 용어를 사용했는지에 대한 설명은 없다. 이후로도 국내 문헌에서 '진보성'이라는 용어의 유래나 배경을 설명하고 있는 문헌을 찾기 어렵다. 이미 일본에서 사용하던 '進歩性'이라는 용어를 차용한 것이라고 추정된다.

4. 한국 특허법상 '용이성' 개념의 기원

한국의 특허법은 '쉽게' 만들어질 수 있는 발명은 특허를 주지 않도록 규정하고 있어,[18] '자명성'을 진보성 조문의 내용으로 삼고 있는 전 세계적인 추세와 다른 모습을 보이고 있다.

미국 연방법원 판례에서 자명성과 유사한 맥락으로 '쉽게 발명'과 가까운 표현은 사용되고 있었다. 예컨대, 1902년 판례는 성공한 후에

된 발명 2. 특허출원전에 국내 또는 국외에서 반포된 간행물에 기재된 발명. 다만, 외국에서 반포된 간행물의 종류에 대하여는 대통령령으로 정한다. ② 특허출원전에 그 발명이 속하는 기술의 분야에서 통상의 지식을 가진 자가 전항 각호에 게기한 발명에 의하여 용이하게 발명할 수 있는 것일 때에는 그 발명은 전항의 규정에 불구하고 특허를 받을 수 없다.

17) 문창화, 특허출원 및 심판청구시의 신규성과 진보성판단 <1>, 특협(特協) (한국발명진흥회), 3권 6호, 1978, p.19.

18) Duffy, op. cit., p.2.; 특허법 제29조 제2항 ② 특허출원 전에 그 발명이 속하는 기술분야에서 통상의 지식을 가진 사람이 제1항 각 호의 어느 하나에 해당하는 발명에 의하여 쉽게 발명할 수 있으면 그 발명에 대해서는 제1항에도 불구하고 특허를 받을 수 없다.

는 누구나가 할 수 있을 것처럼 평이하게 보이더라도, 새로운 결과가 있는 발명이라고 하는 규칙이 일반적인 규칙이라고 판시하고 있다.[19] 1909년 연방대법원 판례도 그 분야 기술자가 '선행기술로부터 쉽게 할 수 있는 것(would readily take)'은 '특허자격이 있는 신규성'을 결여한 것이라고 판단하고 있다.[20] 1911년 판례에서는 사후적으로 지식을 보면 언제나 쉽게 여겨진다(Knowledge after the event is always easy)라고 하여 사후고찰의 위험성을 지적하고 있는데, 한국 법조문의 용어와 매우 유사한 표현을 사용하고 있다.[21]

---

19) Carnegie Steel Co v. Cambria Iron Co, 185 U.S. 403, 446 (1902). "We cannot better conclude this opinion than by the following extract from the opinion of Mr. Justice Bradley in Webster Loom Co. v. Higgins, 105 U. S. 580, 591, 26 L. ed. 1177, 1181: 'But it is plain from the evidence, and from the very fact that it was not sooner adopted and used, that it did not, for years, occur in this light to even the most skilful persons …. Now that it has succeeded, it may seem very plain to anyone that he could have done it as well. … It may be laid down as a general rule, though perhaps not an invariable one, that if a new combination and arrangement of known elements produce a new and beneficial result, never attained before, it is evidence of invention'."

20) Expanded Metal Co. v. Bradford, Supreme Court of the United States. June 01, 1909 214 U.S. 366, 381 (1909). "It is suggested that Golding's improvement, while a step forward, is nevertheless only such as a mechanic skilled in the art, with the previous inventions before him, would readily take; and that the invention is devoid of patentable novelty …. There is nothing in the prior art that suggests the combined operation of the Golding patent in suit. It is perfectly well settled that a new combination of elements, old in themselves, but which produce a new and useful result, entitles the inventor to the protection of a patent. Webster Loom Co. v. Higgins, 105 U. S. 580 - 591, 26 L. ed. 1177 - 1181. … To our minds, Golding's method shows that degree of ingenuity and usefulness which raises it above an improvement obvious to a mechanic skilled in the art, and entitles it to the merit of invention."

21) Diamond Rubber Co. of New York v. Consolidated Rubber Tire Co., 220 U.S. 428, 435 (1911). "… the patent law abounds in illustrations, seem obvious after they have been done, and, 'in the light of the accomplished

따라서 진보성 규정에 있는 '쉽게 발명'이라는 표현은 미국의 '자명성'이라는 개념을 담고 있다고도 볼 수 있고, 그 기원은 미국 연방법원 판례일 가능성도 있다고 판단된다.

5. '진보성'이라는 용어에 대한 비판

현재 시점에서 한국에서 사용하는 '진보성'이라는 용어가 다른 용어(non-obviousness, inventive step, inventive activity)와 비교해서 타당한지 여부를 살펴볼 필요가 있다. 이를 법조문 및 시대정신과의 부합성을 중심으로 검토하면 아래와 같다.

(1) 법조문과의 부합성

우리나라 특허법 제29조 제2항의 내용을 보면 '쉽게 발명할 수 있는지' 여부를 기준으로 진보성을 판단하도록 규정하고 있으며, 이는 기술진보와는 관련이 없다. '진보성'이라는 용어에 기술이라는 말이 들어가 있지는 않지만, 진보는 기술과 가까운 개념이라는 점에서 '진보성'은 '기술진보'라는 독일 고유의 특허성 판단 개념과 연결되어 있다고 볼 수 있다.

앞서 살펴본 바와 같이 일본도 진보성 개념 도입 시, 특허청의 요청에도 불구하고 진보라는 용어를 법조문에 넣지 않은 역사를 가지고 있다.

---

result,' … Knowledge after the event is always easy, and problems once solved present no difficulties, indeed, may be represented as never having had any, and expert witnesses may be brought forward to show that the new thing which seemed to have eluded the search of the world was always ready at hand and easy to be seen by a merely skillful attention. … In its narrow and humble form it may not excite our wonder as may the broader or pretentious form, but it has as firm a right to protection."

용어는 기본적으로 담고 있는 의미를 나타내야 하는데, '진보성'이라는 용어는 법조문의 내용을 담고 있지 못할 뿐 아니라 오히려 용어의 역사를 볼 때 반대되는 개념을 담고 있다. 조문에 부합하는 '비용이성'이라는 이름으로 부르지 못하고 반대되는 개념을 담고 있었던 용어로 불러야 하는 현실은 마치 홍길동전에 나오는 아비를 아비라고 부를 수 없다는 탄식을 생각나게 한다.

이와 관련하여 특허법 제29조 제2항은 일반적으로 발명의 진보성 요건이라고 불리고 있으나 법문상으로 보면 발명의 비용이성이라고 부르는 것이 더 정확해 보인다는 견해가 있다.[22] 한국에서 심사단계에서는 미국의 영향을 받은 자명성을 기준으로 판단하고 있으나, 심판원과 법원은 법문에 명시된 데로 용이성을 기준으로 판단하고 있어서 용어의 변화가 필요하다는 견해도 있다.[23]

특허법의 조문과 이를 나타내는 용어가 일치하는 않는 점은 이론적인 측면뿐만 아니라 실무적인 측면에서도 부정적으로 작용할 수 있다. 예컨대 일반 과학기술자들이 진보성이라는 용어로 특허요건을 인식하는 경우 자신의 발명을 특허받는데 장애로 작용할 수도 있을 것이다. 우리와 상황이 유사한 일본에서 특허세미나를 개최하면서 통상 '진보성'이 의미하는 '기술의 진보'라는 의미와 특허법상 '진보성'의 의미가 차이가 있다는 점을 홍보 문구에서 강조하고 있는 사례가 있다.[24] 일

---

22) 노태악, 박태일, 진보성 및 주지관용기술 관련 최근 중요 판결의 정리, 특허법의 진보성(정차호 저), 박영사, 2015, p.460.

23) 김성호, 특허뉴스, 평성28 12월 16일, p.11. "題となっている特許權の高い無効率に對して、そのヒョク氏)は、「發明權が最初から … 實情を示しながら解決案として進步性の概念を変え ると、従業員と使用者との間の … 實際、2015年 判斷されており、用語の改正が必要であるとされる." <https://www.amt-law.com/asset/res/news_2016_pdf/161222_5233.pdf>.

24) 일본 동경에서 2018년 8월 10일 개최된 특허세미나의 홍보 문구는 다음과 같이 기술하고 있다.: '진보성의 의미, 정말 이해하고 있습니까?' 진보성을 아세요? 기술

반 기술자들이 이 법률용어를 오해하고 있어서 바로 알 필요가 있다고 하면서 진보성이란 기술의 진보가 아니라고 설명하고 있다.

이와 같이 한국의 특허법상의 진보성 개념은 상충되는 형식(용어)과 내용(법조문)의 불안한 동거 위에 자리 잡고 있다.

(2) 시대정신과의 부합성

진보성이라는 용어는 '기술진보'라는 개념과 관련되며, 법조문의 내용은 '기술문턱(비자명성, 발명단계, 발명높이, 발명활동)'이라는 개념과 관련된다.

'기술진보'는 독일 제2차 산업혁명을 뒷받침한 개념이며, '발명문턱'은 미국의 제2차 산업혁명을 뒷받침한 개념이다. 산업혁명 시기의 독일은 점진적인 기술의 진보, 즉 기업연구소의 집단적인 노력을 중시한 반면, 미국은 개인발명가의 '창조성'을 중시한 문화를 가지고 있었다.

1) '기술진보' 개념의 시대정신

독일에서의 '기술진보' 개념은 발명자의 사회공헌에 대한 보상으로 독점권을 부여한다는 논거를 기반으로 한다.[25]

독일의 '기술진보'라는 기준은 19세기 후반에 경제 환경을 지배한 대규모 자본집약적 산업(전기, 화학 및 엔지니어링 부문 등)의 영향을 받았다.[26] 독일은 후발 산업국가로서의 위상에 맞추어서 1877년 특허법

자 · 연구자들은 "물론, 이 발명이 세상의 기술보다 얼마나 진보하고 있는지"라고 생각합니다. 그러나 이 대답은 틀렸습니다. 이것이 "법률 용어"의 함정입니다. 특허 요건인 "진보성"은 "법률 용어"입니다. 우리가 평상시 쓰는 말과는 의미가 전혀 다릅니다. <http://www.oic.co.kr/event_view.html?num=16664&name=%C1%F8%BA%B8%BC%BA%C0%C7-%C0%C7%B9%CC-%C1%A4%B8%BB-%C0%CC%C7%D8%C7%CF%B0%ED-%C0%D6%BD%C0%B4%CF%B1%EE?>

25) "기술적 진보 개념 technical progress은 독일 특허법에 깊이 뿌리박힌 개념에 기초하고 있는데, 발명가는 사회의 'good'에 대한 그의 기여에 대해 정당한 보상을 받아야 한다는 것이다.": Wolfgang G. Fasse, op. cit., p.34.

을 제정하였고, 이는 개인발명가가 아닌 기업 중심의 기술혁신에 초점을 맞추었다. 제2차 산업혁명 시기에 기업의 점진적 기술혁신에 걸맞은 '기술진보'라는 개념이 진보성 판단 기준을 주도하게 된다.

2) '기술문턱(비자명성, 발명단계, 발명높이, 발명활동)' 개념의 시대정신

미국의 경우에는 1790년 특허법 제정 후 초기에는 '새로운 결과'라는 법리가 적용되다가 19세기 중반 이후 제2차 산업혁명 시기에는 '그 분야 통상자 이상의 재능 발휘', '통상자에게 비자명함'과 같은 법리가 나타나고, 비자명성 법리는 1880년대에 연방대법원에서 확고하게 정착되었다. 마침내 1952년 특허법에서 비자명성 기준이 법제화되었다.

미국은 '개인 발명가'를 '천재'와 동일시하며 높이 평가했으며, 특히 산업혁명 시기에 에디슨, 테슬라, 벨 등 뛰어난 발명가들이 활약했다.[27] 또한 링컨의 1858년 연설 자료에 따르면, 미국이 다른 국가에 비해 빠른 속도로 발명하는 국가이며 발명을 중시하는 국가라고 하면서, 특허제도는 "천재의 불꽃에 이익이라는 기름을 붓는 것(added the fuel of interest to the fire of genius)"이라고 표현하고 있다.[28]

미국에서 19세기에 대규모 관료적 기업이 등장하기 시작했을 때 미

---

26) L.W.P. Pessers, op. cit., p.290.

27) 미국에서 특허시스템은 링컨 등과 같은 사람들로부터 광범위한 정치적 지지를 받았으며, 대중들은 대체로 에디슨이나 벨과 같은 발명가를 우상화했다. F. M. Scherer, The Political Economy of Patent Policy Reform in the United States, Journal on Telecommunications & High Technology Law, vol.7 no.2, 2009, p.169.

28) Lecture on Discoveries and Inventions, On April 6, 1858. "The patent system changed this; secured to the inventor, for a limited time, the exclusive use of his invention; and thereby added the fuel of interest to the fire of genius, in the discovery and production of new and useful things." Source: Collected Works of Abraham Lincoln, edited by Roy P. Basler et al. <http://www.abrahamlincolnonline.org/lincoln/speeches/discoveries.htm>.

국 특허 사법부의 태도는 예를 들어 독일 기업보다 훨씬 덜 협조적이었다.[29] 더구나 독점 금지법의 출현으로 대기업의 특허 사용에 대한 의혹이 증가했다. 반면에 작은 발명가는 거의 국가 아이콘으로 소중히 여겨졌다.[30] 전통적으로 민간 또는 벤처 자본에 의존하는 소규모 기업 문화가 미국 경제의 중요한 부분이었다. 급진적인 혁신을 선호하는 환경 속에서 '기술진보'가 아닌 '비자명성' 법리가 미국 실무에서 큰 힘을 발휘하게 된다.

이 같은 미국의 독립 발명가에게 우호적이고 반독점적인 문화는 '비자명성' 개념과 부합하는 측면이 많다.

6. 미 래

미국이나 독일의 특허법상 진보성 관련 개념사를 살펴보면 자국의 산업발전에 적합한 진보성 관련 용어와 개념을 계속해서 진화시켰다는 것을 알 수 있다. 이에 반해서 우리의 특허법상 '진보성'이라는 용어와 개념은 수동적으로 수입되었다는 점에서 그 타당성에 대한 근본적인 성찰이 필요하다고 하겠다.

'obviousness' 또는 'inventive step'의 개념을 이해하기 쉽게 하기 위해 다른 단어들을 사용해서 바꾸는 것은 별 도움이 되지 않는다는 견해도 있지만,[31] 용어가 가지는 힘을 생각해 볼 때 용어는 중요하다.

4차 산업혁명 시기에 적합한 진보성 개념과 용어는 무엇일까라는 고민은 중요한 화두라고 하겠다. 한 가지 확실한 것은 우리가 지금 사용하고 있는 특허법상의 '진보성'이라는 용어가 담고 있는 개념은 현재

29) L.W.P. Pessers, op. cit., p.292.
30) Ibid., p.293.
31) W. Cornish · D. Llewelyn · Aplin, op. cit., p.211.

의 법조항의 내용과 부합하지 않거나 아니면 역사적인 맥락에서 보면 법조항의 내용과 대척점에 서 있는 개념이라는 것이다. 그냥 소박하게 한국 특허법의 조항을 그대로 반영한 '비용이성'이라는 용어나 그 실체적 의미를 담고 있는 '예측곤란성'이라는 용어를 조심스럽게 제안하고자 한다.

제 14 장

에필로그: 전환시대의 논리

제 14 장

에필로그: 전환시대의 논리

특허법상 진보성 개념은 인간의 창조성을 중심으로 한 '발명문턱' 개념과 기술발전을 중심으로 한 '기술진보' 개념의 치열한 투쟁으로 점철된 역사를 가지고 있다. '발명문턱' 개념은 천재적 발명가를 높이 평가하는 미국사회에서 주도하였고, '기술진보' 개념은 집단적이고 조직적인 연구를 높이 평가했던 독일사회가 주도하였다. 결국 독일은 '기술진보' 개념에서 '발명문턱'이라는 개념으로 거대한 전환을 하게 된다.

일본은 전 세계적으로 통일된 '발명문턱' 개념으로 특허조문을 만들면서도 강학상 '기술진보' 개념을 떠오르게 하는 '진보성' 용어를 채택하여 오늘에까지 이르고 있다. 일본의 영향을 받은 한국도 이 용어를 그대로 수용하고 있다. 이 같은 용어와 조문, 형식과 내용의 분열은 시한폭탄처럼 우리의 발밑에 잠재하고 있다. 영어의 'inventive step'이라는 '기술진보'가 아닌 '발명문턱'을 나타내는 용어를 적지 않은 문서에서 '진보성'이라는 용어에 대응시키는 한국의 현실은 그 분열의 심각성을 살며시 보여주고 있다.

여기서 독일에서의 거대한 전환은 어떻게 이루어졌으며, 어떤 논리로 뒷받침 되는가에 대한 질문은 근본적이고 절실하게 다가온다. 이제 그 복잡한 개념의 진화과정의 탐구가 끝에 이르게 되었다. 어쩌면 그 거대한 전환은 '기술진보'를 지지했던 한 유대계 법학자가 더 이상 영향력을 행사하지 못한 것과[1] '창조적 발명가'를 추앙했던 히틀러의 집권이 불러온 우연한 사건이었을지도 모르겠다. 그 전환시대의 논리가 과연 현재 한국에서도 타당성을 가지는가라는 질문은 여전히 남아있다.

그 동안 특허법에서의 '진보성'이라는 개념에 다가가는 것은 수렁에 빠지는 것이라고 생각했던 저자에게 이 여행은 나름 짜릿한 경험을 안겨주었다. '진보성'이라는 작은 씨앗은 특허제도를 넘어서서 산업혁명과 정치 등 넓은 세계와 연결되어 있었다.

---

1) 현대 독일의 권위 있는 법학자는 이러한 상황을 다음과 같이 표현하고 있다.: "1911년 이세이(Hermann Isay)는, '발명높이'가 특허법의 목적인 기술진보에 기여하지 못할 수 있다는 점에서 발명요건이 되기는 부적절한 측면이 있다고 판단하였다. 1931년 그의 특허법.해설 제5판(1931년)에서 이전의 '둘 중 하나' 이론을 지지했고, 다시 한번 설득력 있게 설명했다. 불행하게도 '둘 중 하나' 의견은 독일에서 채택되지 않았다. 그 이유 중 하나는 이사이와 다른 유대인 작가들이 30년대 중반 이후 더 이상 인용되는 것이 허용되지 않았고 법의 추가 발전에 대한 모든 영향력을 잃었기 때문일지도 모른다." Friedrich-Karl Beier, op. cit., p.321.

참고자료

■ 국내문헌

노태악·박태일, "진보성 및 주지관용기술 관련 최근 중요 판결의 정리", 「특허법의 진보성(정차호)」, 박영사, 2015.

라인하르트 코젤렉·크리스티안 마이어(황선애 옮김), 「코젤렉의 개념사 사전 2: 진보, 푸른역사」, 2010.

문창화, "특허출원 및 심판청구시의 신규성과 진보성판단 <1>", 「특협(特協)」, 3권 6호, 1978.

소준섭, "[소준섭의 正名論]<2>: 잘못된 언어로부터 잘못된 개념이 나온다", 프레시안, 2009.7.24.

송성수, "산업혁명의 역사적 전개와 4차 산업혁명론의 위상", 「과학기술학연구」, 제17권 제2호, 2017.

신재호, "지적재산의 개념에 관한 고찰", 「산업재산권」, 제17호, 2005.

엘리너 오스트롬외(김민주·송희령 옮김), 「지식의 공유」, 타임북스, 2010.

윌리엄 랜디스·리처드 포스너(정갑주·정병석·정기화 옮김), 「지식재산권법의 경제 구조」, 일조각, 2011.

윤권순, "미국 특허법상 비자명성 개념의 역사적 기원", 「법학논집」, 제26권 제3호, 2022.

윤권순, "특허권 재해석을 통한 특허괴물 현상 분석과 '지식권'의 제안", 충북대학교(박사논문), 2010.

윤권순, "특허법 구조 분석을 통한 '지식 경계' 명확화에 대한 연구", 「창작과 권리」, 제63호, 2011.

윤권순, 「지식재산권법이란 무엇인가」, 화산미디어, 2019.

이헌대, "독일 산업혁명의 재조명", 「경상논총」, 제32권 4호, 2014.

일본변리사회(한국지식재산연구원역), 「진보성의 역사, 현황과 전망」, 한국지식재산연구원, 2007.

정차호, 「특허법의 진보성」, 박영사, 2014.

제임스 E. 매클렐란 3세 · 해럴드 도른(전대호 옮김), 「과학과 기술로 본 세계사 강의」, 모티브, 2006.

조영선, “특허소송에 있어서 발명의 진보성 판단의 국제기준에 관한 비교분석”, 고려대학교, 2010.

최단옥, “한국 · 독일의 산업혁명 과정 비교”, 「경영사학」, 제24집 제3호, 2009.

한동수, “발명의 효과와 진보성 판단, 객관적인 진보성 판단기준의 모색”, 한국특허법학회(2010년 가을 세미나), 2010.10.16.

吉藤幸朔(유미특허법률사무소 역), 「특허법개설(제13판)」, 대광서림, 2005.

A. 히틀러(이명성 옮김), 「나의 투쟁」, 홍신문화사, 2013.

N. Gregory Mankiw(김경환 · 김종석 옮김), 「맨큐의 경제학(제4판)」, 교보문고, 2007.

Robert D. Cooter · Thomas Ulen(한순구 옮김), 「법경제학」, 경문사, 2008.

■ 서양문헌

Albrecht Krieger, “The New German Patent haw After Its Harmonization With European Patent Law – A General Survey,” *IIC*, vol.13 no.1, 1982.

Alexander Donges · Felix Selgert, “Technology transfer via foreign patents in Germany, 1843–77,” *Economic History Review*, vol.72 no.1, 2019.

Ali Mojibi, “An empirical study of the effect of KSR v. Teleflex on the Federal circuit's patent validity jurisprudence,” *Alb. L. J. Sci. & Tech.*, vol.20, 2010.

Ann Monotti, “Divergent Approaches in Defining the Appropriate Level of Inventiveness in Patent Law,” *The Common Law of*

Intellectual Property: Essays in Honour of Professor David Vaver(edited by Catherine Ng, et al.), Bloomsbury Publishing Plc, 2010.

Arpad Bogsch, "Obituary: Klaus Pfanner," *Industrial Property*, no.10, 1986.

Aufsatz von Jochen Pagenberg, "The Concept of the 'Inventive Step' in the European Patent Convention", *IIC*, 1974.

Bartels, H., "Die Läterung des 'Generalklausel' des Patentgesetzes, Eine Patenthistorische Studie", *GRUR*, 1964.

Brad Sherman · Lionel Bently, *The making of Modern Intellectual property Law*, Cambrige University Press, 1999.

Cornish, W. · Llewelyn, D. · Aplin, *Intellectual Property: Patents, Copyrights, Trademarks & Allied Rights(seventh edition)*, Sweet & Maxwell, 2010.

David, L. Cohen, "Article 69 and European Patent Integration," *Nw. U. L. REV.*, vol.92 no.3, 1998.

Dominique Guellec · Bruno van Pottelsberghe de Potterie, *The economics of the European Patent System*, Oxford University Press, New York, 2007.

Dominique S. Ritter, "Switzerland's Patent Law History," *Fordham Intell. Prop. Media & Ent. L.J.*, vol.14 n.2., 2004.

Espen Moe, *Governance, growth and global leadership: the role of the state in technological progress, 1750-2000*, Ashgate Publishing, Ltd., 2007.

Frank, D. Prager, "Standards of Patentable Invention," *The University of Chicago Law Review*, vol.20 no.1, 1952.

Fredrik Neumeyer, "Unification of European Patent Legislation on the Common Market," *MOD. L. REV.*, vol.24 no.6, 1961.

Friedrich-Karl Bèier, *The inventive step in its historical development*, IIC, 1986.

Frithjof, E. Muller · Harold, C. Wegner, "The 1976 German Patent Law," *J. PAT. OFF. SOC'Y*, vol.59 n.2., 1977.

Gispen, K., "Industrialists, Inventors and the German Patent System, 1877-1957: A Comparative Perspective," *The History of Information Security: A Comprehensive Handbook(Karl de Leeuw · Jan Bergstra: Editors)*, Elsevier B.V., 2007.

Gispen, K., *Poems in Steel: National Socialism and the Politics of Inventing from Weimar to Bonn*, Berghahn Books, 2002.

Hans-Waldemar, "Zum Thema Erfindungshöhe", *GRUR*, 1961.

Heinz Winkler, "Zur Definition der Erfindungshöhe", *GRUR*, 1958.

Jeffrey Singleton, "Convention on the Grant of European Patents (European Patent Convention) and Convention for the European Patent for the Common Market (Community Patent Convention)," *The International Lawyer*, vol.13 no.1, 1979.

Johann Peter Murmann, *Knowledge and Competitive Advantage: The Coevolution of Firms, Technology, and National Institutions*, Cambridge University Press, 2003.

Johann Peter Murmann, *The Complex Role of Patents in Creating Technological Competencies A Cross-National Study of Intellectual Property Right Strategies in the Synthetic Dye Industry, 1857-1914*, University of St.Gallen, 2002.

John F. Witherspoon(ed.), *Nonobviousness- the ultimate condition of patentability: papers compiled in commemoration of the silver anniversary of 35 USC 103*, Bureau of National Affairs, 1980.

John, F. Duffy, "Inventing Invention: A Case Study of Legal Innovation," *Texas Law Review*, vol.86 no.1, 2007.

Jonathan, J. Darrow, "The Neglected Dimension of Patent Law's Phosita Standard," *Harvard Journal of Law & Technology*, vol.23 no.1, 2009.

Karen Walsh, "Promoting Harmonisation Across the European Patent

System Through Judicial Dialogue and Cooperation," *IIC*, vol.50, 2019.

Keck, O., "The national system for technical innovation in Germany," Nelson, R. R., ed., *National Innovation Systems: A Comparative Analysis*, Oxford University Press, 1993.

Klaus Pfanner, "Vereinheitlichung des materiellen Patentrechts im Rahmen des Europarats", *GRUR Ausl*, 1962.

Kohler, J., *Handbuch des Deutschen Patentrechts in rechtsvergleichender Darstellung*, J. Bensheimer Verlag, Mannheim, 1900.

Laura, R. Ford, "Alchemy and Patentability: Technology, 'Useful Arts,' and the Chimerical Mind-Machine," *California Western Law Review*, vol.42 no.1, 2005.

Machlup and Penrose, "The Patent Controversy in the Nineteenth Century," *The Journal of Economic History*, vol.10. no.1, 1950.

Margrit Seckelman, "Industrial Engineering and the structure for the protection of patents in Germany, 1856-1877," *QUADERNS D'HISTÒRIA DE L'ENGINYERIA*, VOLUM V, 2002-2003.

Ove Granstrand, "Are we on our way in the new economy with optimal inventive steps, Economics," *Law and Intellectual Property(Ove Granstrand editor)*, Kluwer Academic Publishers, 2003.

Paul, B. West, "The German analogy process doctrine," *Journal of the Patent Office Society*, vol.42 no.9, 1960.

Pessers, L.W.P., *The evolution of the inventiveness requirement*, University of Amsterdam, 2015.

Peter, J. Gaylor · L. F. Marx, "Carl Duisberg on Patents," *Journal of the Patent Office Society*, vol.26 no.5, 1944.

Potts, H.E., "Invention and Graduated Validity," *Journal of the Patent Office Society*, vol.24 no.9, 1942.

Potts, H.E., "The Definition of Invention in Patent Law," *The Modern*

Law Review, vol.7 no.3, 1944.

Rebekka Übler, *Die Schutzwürdigkeit von Erfindungen: Fortschritt und Erfindungshöhe in der Geschichte des Patent-und Gebrauchsmusterrechts*, Mohr Siebeck, 2014.

Richard Wirth, *Das Maß der Erfindungshöhe*, Heymann, 1906.

Roubier, *Le Droit de la Propriété Industrielle(Vol. 2)*, Sirey, 1954.

Samson Vermont, "A New Way to Determine Obviousness: Applying the Pioneer Doctrine to. 35 U.S.C. 103(a)," *AIPLA Quarterly Journal*, vol.29 no.3, 2001.

Scherer, F.M., "The Political Economy of Patent Policy Reform in the United States," *Journal on Telecommunications & High Technology Law*, vol.7 no.2, 2009.

Toshiko Takenaka, "The Substantial Identity Rule under the Japanese Novelty Standard," *UCLA Pac. Basin L.J.*, vol.9, 1991.

Was, D.A., "Erfindung und Erfindungshöhe: Einige sprachkritische Bemerkungen," *GRUR Ausl*, 1966.

Wilhelm Trüstedt, "Fortschritt und Erfindungshöhe als Voraussetzung der Patentfähigkeit nach deutscher Rechtsentwicklung", *GRUR* 1956.

Wolfgang, G. Fasse, "Basic Patentability Requirements in the United States and Germany," *Journal of the Patent Office Society*, vol.44 no.1, 1962.

Zorina Khan, B., "An Economic History of Patent Institutions," Bowdoin College.

Pieter Hintjens, How the French turned exclusive privilege into property, 2007.11.16. <www.digitalmajority.org/forum/t-27067/how-the-french-turned-exclusive-privilege-into-property>

저자 약력

■ **윤 권 순**

한양대학교 비교역사문화연구소, 연구부교수

지식재산역사 · 이론 · 정책학회 회장

[약력]

서울대학교 화학과 및 동 대학원 졸업(이학석사)

런던대학교 QMW 법학부 졸업(지식재산권석사)

충북대학교 법학과 졸업(법학박사)

산업연구원, 연구원

한국지식재산연구원, 연구위원

한국외국어대학 법학전문대학원 강사(지적재산권법)

[주요논문 및 저서 · 수상]

「지식재산권법이란 무엇인가」, 화산미디어, 2019.

「특허법의 논리」, 신론사, 2013(2인 공저).

「과학기술과 법의 대화」, 법문사, 2012.

"Plant Variety Protection in the Republic of Korea", *Agricultural Biotechnology and Intellectual Property -Seeds of Change* -, CABIInternational, 2007.

영국 저작권법상 '창작성(originality)' 개념의 역사적 기원(지식재산연구, 제12권 제3호, 2017)

2017년 지식재산연구 최우수논문상

* 이 저서는 2020년 대한민국 교육부와 한국연구재단의 지원을 받아 수행된 연구임 (2020S1A5B5A16082887).

특허법상 진보성 개념의 거대한 전환

2022년 4월 10일 초판 인쇄
2022년 4월 15일 초판 발행

저 자 윤 권 순
발행인 배 효 선

발행처 도서출판 法 文 社

주 소 10881 경기도 파주시 회동길 37-29
등 록 1957년 12월 12일/제2-76호(윤)
전 화 (031)955-6500~6 FAX (031)955-6525
E-mail (영업) bms@bobmunsa.co.kr
(편집) edit66@bobmunsa.co.kr
홈페이지 http://www.bobmunsa.co.kr
조 판 법 문 사 전 산 실

정가 25,000원 ISBN 978-89-18-91308-7